GANE MÁS CLIENTES

NÓSTICA
editorial

GANE MÁS CLIENTES

© **Derechos Reservados**
Nóstica Editorial S.A.C. 2019
Según Ley N° 13714 y D. Ley 822

Autor: Equipo Nóstica Editorial
Coordinador: Bruno Olcese
Revisión Ortográfica y gramatical: Tania Carbajal
Edición, diagramación y diseño de cubierta: Juan José del Carpio
Editado por Nóstica Editorial S.A.C.
e–mail: atencionalcliente@nosticaeditorial.com
Primera edición. Marzo 2019
www.nosticaeditorial.com

ISBN: 9781090874733

CONTENIDO

INTRODUCCIÓN

No basta con tener u ofrecer el mejor producto o servicio dentro de un determinado sector del mercado. Tampoco basta con poseer las cualidades y la educación necesaria para incrementar las ventas. Contar con los mejores profesionales en sus áreas de especialidad tampoco asegura las ventas, especialmente si no están enfocados en los clientes. Si bien estos aspectos juegan un papel sustancial, no lo son todo.

Lo que hace que una empresa, un emprendedor, un independiente, o cualquier persona que desarrolle una actividad empresarial o profesional, no solo subsista, sino que crezca y gane más dinero, son los clientes. Sin clientes, o, mejor dicho, sin un buen número de clientes, cualquier aventura industriosa acabará en ruina, sin importar las formidables inversiones o análisis de mercado que se hayan realizado.

En este sentido, conquistar y atraer clientes resulta igual o incluso más fundamental que conseguir la inversión para un proyecto empresarial, o diseñar y montar un producto o servicio que satisfaga una necesidad en un mercado potencial.

El proceso de atraer clientes se puede seccionar en dos etapas:

1. Una primera etapa, en la que debemos saber qué cliente deseamos, estudiarlo como si fuera nuestro aliado

más cercano, para saber sus necesidades, expectativas, gustos, preferencias, etc.

2. La segunda etapa sería la atracción de ese cliente. Aquí vemos cómo hacerle llegar nuestro mensaje de manera persuasiva y ganarnos su confianza para que compre nuestro producto o adquiera nuestro servicio.

Se puede pensar que una vez que se consigue una cartera de clientes, capaz de levantar la empresa o negocio, no hará falta atraer nuevos clientes porque podemos quedarnos con ellos. Empero, esta actitud es tan nociva como no-poder/no-saber captar nuevos clientes en una empresa que empieza y que busca crear una cartera. Es importante tener en cuenta que existe un proceso que seguir cuando ya se posee un cliente.

La razón de este libro es esa: enseñar cómo atraer clientes en las diferentes formas de hacer negocio o empresa, y una vez conseguidos, revelar las estrategias que usan los especialistas del marketing para nunca perderlos.

PRIMERA PARTE
HAGA QUE SU PRODUCTO / SERVICIO SEA ATRACTIVO

Capítulo I
¿QUÉ ES UN BUEN PRODUCTO?

Por encima de todo, los grandes productos tienen un sentido de propósito claramente definido, ofrecen valor de una manera singularmente enfocada y lo hacen tan bien o mejor que cualquier otro producto en el mercado.

Hágase estas 7 preguntas para saber si su producto o servicio es bueno:

1. ¿Tiene características únicas? Su producto tiene que tener un aspecto nuevo y atractivo que haga que el consumidor encuentre un plus de distinción.
2. ¿Tiene atractivo masivo? En otras palabras, ¿es algo que se venderá a la ama de casa, al profesional corporativo, al deportista, etc.?
3. ¿Resuelve un problema? Piense en algo que sea molesto en la casa, oficina, comedor, o cualquier espacio común e invente una solución. Si su producto no resuelve un problema, tiene un problema potencial: los consumidores no tendrán interés en comprarlo.
4. ¿Existe una oferta poderosa en relación al costo y a lo que se ofrece? No olvide que en el mundo de hoy, la gente comprueba inmediatamente en Internet si existe el mismo producto a un precio más barato.

5. ¿Puede explicar fácilmente cómo funciona? Tiene que haber una explicación fácil para entender cómo y por qué funciona su producto. Si se necesita un título universitario para entender en qué consiste su producto o qué es lo que hace por la gente, es demasiado complicado. Solo atraerá poca atención, así que piense en otra cosa para atrapar al consumidor.

6. ¿Hay una transformación mágica entre el antes y el después del cliente? Los puntos de antes y después, que muestran diferencias fácilmente perceptibles, son poderosas herramientas de marketing.

7. ¿Es multifuncional? Piense como su competidor. Si su producto tiene una sola función, su competidor puede robar sus ventas con un producto similar que ofrece más funciones.

Si respondió SÍ a todas estas preguntas, tiene un producto atractivo, que con las estrategias de este libro, saldrá volando por los estantes.

Para el momento de la publicidad, responda estas otras preguntas:

- ¿Es creíble? ¿Hay testimonios? La publicidad con «clientes reales» es diez veces mejor que cualquier «representación de actor». Las personas reales ofrecen resultados reales. Pero también debe buscar testimonios profesionales, médicos y otros expertos en su industria, así aumentará la credibilidad de su producto.

- ¿Hay resultados probados? Prepárese para respaldar lo que puede hacer su producto con historias de éxito inquebrantables o estudios científicos, incluyendo estudios clínicos de terceros o revisiones de laboratorios de pruebas de productos que respalden su publicidad.

Capítulo II
CÓMO DEBE SER UN PRODUCTO O SERVICIO

La estética debe ir unida a la funcionalidad, como hace Apple, que centra especial atención a cómo «lucen» sus productos. Esto lleva a los consumidores a adquirir marcas que, aunque son más caras y técnicamente no son superiores a sus competidores, atraen más y son consideradas como maravillosas.

Estético y funcional

Un producto o servicio no es solo lo que se ve bien. También es aquello que necesita realizar al cliente, convertir, asombrar, pero sobre todo cumplir su propósito funcional. Puede ser innovador o simplemente puede ser funcional.

Innovador

El diseño innovador puede tanto ser una ruptura en el concepto de un producto o servicio, o el rediseño de un producto o servicio existente. Un gran avance del producto añade un valor no visto antes y una funcionalidad satisfactoria al mercado y al usuario, mientras que un rediseño mejora un producto existente.

El diseño innovador siempre se desarrolla junto con la tecnología innovadora, y nunca puede ser un fin en sí mismo.

Funcional

El diseño útil cumple su función deseada, y es probable que sea una función primaria y secundaria. Un diseño útil resuelve problemas y, a través de su diseño, optimiza una funcionalidad dada.

Un producto útil

Tiene que satisfacer ciertos criterios, no solo funcionales, sino también psicológicos y estéticos. Un buen diseño enfatiza la utilidad de un producto sin tener en cuenta cualquier cosa que pueda restarle valor.

Estético

Un producto estético tiene un poder inherente de poder fascinar y atraer inmediatamente a los sentidos de los usuarios.

Solo los objetos bien ejecutados pueden ser hermosos. La calidad estética de un producto es integral a su utilidad porque los productos que se usan todos los días tienen un efecto en las personas y en su bienestar.

Intuitivo

El diseño intuitivo se explica por sí mismo y hace que un manual de usuario sea innecesario. Un producto hace que el uso, la percepción y la comprensión de este sean obvios. Un buen servicio habla por sí solo.

Un buen producto o servicio aclara su funcionamiento con solo verlo. Mejor aún, puede hacer que el producto exprese claramente su función haciendo uso de la intuición del usuario. En el mejor de los casos, se explica por sí mismo.

Buen negocio

Suponiendo que un producto está diseñado para venderse, si está bien hecho se destaca en un mercado competitivo. Un buen producto significa un beneficio positivo, porque un buen diseño de un producto o servicio se vende bien.

Honesto

Un producto o servicio honesto comunica únicamente las funciones y los valores que ofrece. No intenta manipular a compradores y usuarios con promesas que no puede cumplir.

Duradero

En una sociedad de consumo excesivo, un buen producto o servicio tiene un objetivo importante. Se basa en la sostenibilidad en el sentido de que el diseño y los materiales son duraderos y no solo una tendencia. El desperdicio y el consumo excesivo no son parte de un buen diseño.

Evite estar a la moda para que nunca parezca anticuado. A diferencia del diseño de moda, un estilo así dura muchos años, incluso en la sociedad de hoy en día.

Orientado al usuario

El buen producto se basa en su uso y está diseñado para mejorar una situación dada para el usuario. El diseño orientado al usuario agrega valor intelectual y material a su producto y, a su vez, aumenta la satisfacción de su usuario.

Discreto

Los productos deben ser neutros y restringidos, para dejar espacio para la autoexpresión del usuario. Los productos que cumplen un propósito son como herramientas y no son objetos decorativos ni obras de arte.

Minucioso hasta el último detalle

Nada debe ser arbitrario o dejado al azar. El cuidado y la precisión en el proceso de diseño muestran respeto hacia el consumidor. Un buen diseño es siempre la solución de trabajo más simple posible.

Básico

Menos es más significa que su producto o servicio se centra en los aspectos esenciales, por lo que no está cargados de elementos no esenciales. El resultado deseable sería entonces más puro y simple. Llámelo minimalista si desea.

Resumen:

Un buen producto o servicio es efectivo y eficiente en el cumplimiento de su propósito. Se basa en la menor cantidad posible de factores e insumos externos, y estos deben ser fáciles de medir y manipular para lograr el resultado esperado. Un buen producto es siempre la solución de trabajo más simple posible.

Capítulo 3
UN BUEN SERVICIO
AL CLIENTE

Un buen servicio al cliente es lo normal en todas las empresas, pero la diferencia está en ofrecer un nivel de servicio que «el cliente jamás hubiera soñado», diferente a todo estándar famoso. Amazon sería un buen ejemplo.

Un excelente servicio al cliente crea clientes leales de por vida; clientes que están dispuestos a recomendar su negocio a amigos, familiares y colegas. Proporcionar este tipo de excelente servicio al cliente comienza con el deseo genuino de complacerlos, pero también debe pensar en algo más que vender sus productos o servicios.

¿POR QUÉ UN EXCELENTE SERVICIO AL CLIENTE ES SU ÚNICA OPCIÓN?

¿Recuerda la última vez que tuvo una experiencia desagradable con un servicio o producto? Tal vez el servicio o el producto no estuvo a la altura de las ventas; tal vez la empresa en cuestión no pudo responder a sus correos electrónicos o llamadas telefónicas; tal vez no hicieron lo que dijeron que harían.

Cualquiera o todos estos problemas giran en torno a una sola cosa: ¡un servicio al cliente deficiente! Y cuando hay una falta de servicio al cliente, generalmente se debe a una falta de calidad en atención al cliente.

El servicio al cliente es uno de los aspectos clave que afectará una venta, especialmente para las empresas pequeñas. Entonces, ¿por qué tantos de estos negocios han perdido de vista a quienes corresponde atender? Curiosamente, el viejo dicho «El cliente siempre tiene la razón» ya no es de importancia para algunas empresas; es más, parecen estar aburridas de sus clientes.

Es una situación difícil de enfrentar, porque simplemente no tiene sentido. ¿Por qué no se dan cuenta de que sin estos clientes su negocio dejará de funcionar? Salvo que sea un monopolio. Pero incluso así, si llegara la competencia, el negocio quedaría en bancarrota.

Quizás sea solo arrogancia, un sentimiento de superioridad sobre el cliente. Cualquiera que sea la razón, no funciona. Recuerde que su trabajo es servir a los clientes lo mejor que pueda. Si tiene un cliente insatisfecho o molesto, es su trabajo averiguar por qué se siente así y utilizar esa información para mejorar su servicio o su producto.

Sí, todos sabemos que hay clientes difíciles y que a veces simplemente no los complacemos, pero sin estos clientes no hay negocio. ¿Por qué? Muchas veces las quejas de los clientes descubren problemas que pueden mejorarse, por eso siempre debe estar disponible para escuchar a sus clientes. Nunca, nunca olvide esto.

Tome la decisión de tratar bien a todos sus clientes, recuerde que un excelente servicio es la mejor herramienta de marketing disponible. Por supuesto, si brinda un excelente servicio al cliente superará las expectativas de este, y su empresa será recompensada.

Los clientes felices y satisfechos estarán encantados de recomendarlo; sin embargo, también puede suceder lo contrario. Decepcionar a un cliente, no cumplir con sus promesas o ignorar las quejas, conducirá a que ellos informen a todos sus familiares y amigos sobre usted y su negocio. No tendrán reparo en hacerlo. Y créalo o no, será tema de varias conversaciones. Es cierto que los clientes descontentos son más propensos a correr la voz que los clientes satisfechos, así que tenga cuidado. No socave su negocio de esta manera.

LOS 10 PILARES DEL EXCELENTE SERVICIO AL CLIENTE

Un excelente servicio al cliente lo distinguirá a usted y a su empresa de los demás. No importa lo bajos que sean los precios de la competencia; pero también, si su servicio al cliente es deficiente, su negocio ganará mala fama. Además, si tiene un excelente servicio al cliente, podrá aumentar sus precios unos puntos por encima de su competencia.

Los siguientes puntos le enseñarán en qué consiste un servicio al cliente de alta calidad, de esa manera podrá crear su propia estrategia de servicio.

1. Ser accesible
Sus clientes deben poder comunicarse con usted o con alguien de su compañía que lo represente en caso de que requieran un servicio o tengan una pregunta que hacer. Ofrezca muchas vías

diferentes para que sus clientes se comuniquen con usted: como el teléfono, correo electrónico y redes sociales. Asegúrese de que todos estos canales de comunicación sean fáciles de administrar; de lo contrario, su nivel de servicio podría caer en picada. Si proporciona muchos puntos de contacto, pero no aumenta sus recursos y personal, se estará extendiendo demasiado. El resultado será una disminución de calidad en el servicio al cliente.

2. Siempre responda de manera oportuna

Haga que sea una política en su negocio que todos los correos electrónicos y llamadas telefónicas se devuelvan a las 24 horas. Si esto no es algo con lo que pueda comprometerse, entonces debe determinar qué período de tiempo sería manejable y tener muy claro con sus clientes que este es el período en el que trabaja. Los clientes generalmente aceptan con mucho gusto siempre que haya sido claro con ellos desde el inicio y cumpla.

3. Escuche lo que sus clientes tienen que decir

Los clientes son simplemente personas comunes y quieren ser escuchados: a veces, todo lo que se requiere es escuchar lo que tienen que decir. No salte y comience a defenderse a sí mismo, a su empresa o a su producto, solo escuche. Quién sabe, ¡podrían tener un punto válido!

4. Trate a sus clientes con respeto

Si está tratando de lidiar con un cliente iracundo, grosero, quejoso o exigente, nunca disminuya su nivel de comportamiento. Continúe tratando a sus clientes con respeto, así lo respetarán. Es posible que tengan un mal día y que se arrepientan de su mal comportamiento, aun así las cosas ya estarán hechas. Obviamente, no es correcto que las personas no lo respeten, pero al final del día le alegrará no haber bajado los estándares de un clima respetuoso.

5. Nunca discuta con sus clientes

Nunca ganará una discusión con un cliente: lo que esto significa es que, si gana, habrá alejado al cliente para siempre de su negocio. Todos entendemos muy bien que un cliente suele estar equivocado, pero no es una buena idea comenzar a defenderse: céntrese en lo que ocurrió y vea cómo puede resolver mejor la situación.

6. Honre sus compromisos

Haga lo que dice que hará. Si ofrece una garantía, debe cumplirla: si dice que va a responder a los correos electrónicos, haga que los respondan. Es irritante para alguien que se le prometa algo y luego no lo consiga: es una forma segura de arruinar una relación.

7. Haga lo que dice

Si ha prometido llamar a un cliente el lunes, llámelo el lunes. Es realmente muy simple. Si desea ganarse la confianza y el respeto de sus clientes, debe seguir adelante y hacer lo que dijo que haría. Desde el punto de vista de un cliente, todos sabemos la molestia y la pérdida de tiempo que genera estar esperando una llamada telefónica, un correo electrónico o una visita de alguien que (resulta que) no tenía intención de seguir adelante.

8. Enfóquese en las relaciones con los clientes, ¡no en las ventas!

Para que su empresa disfrute de un éxito a largo plazo, debe cultivar relaciones a largo plazo. Sacrificar las relaciones a largo plazo para que las ventas a corto plazo arranquen condenará su empresa al fracaso.

9. Admita cuando haya cometido un error

Todos somos humanos, y todos cometemos errores. Una lección muy valiosa sobre el servicio al cliente es que, cuando cometa un error, no lo niegue ni intente encubrirlo. Admita su error, discúlpese y haga lo que sea necesario para solucionar la situación. Sus clientes lo apreciarán y nadie perderá de esta manera.

10. Entrene a su personal

Si los miembros del personal están adecuadamente capacitados para brindar un excelente servicio, se sentirán capacitados para tomar decisiones inmediatas cuando traten con los clientes. Deje muy en claro cuáles son sus niveles de autoridad y asegúrese de que comprendan completamente los principios de servicio al cliente que se aplican a su negocio. Si no está seguro de que sean capaces de hacer lo correcto, entonces ha contratado a las personas equivocadas.

Capítulo 4
OFRECER ALGO
QUE NADIE MÁS TIENE

Dar algo que nadie más brinda a sus clientes es una característica de exclusividad que significa tener un aspecto funcional o de desempeño que solo una marca posee y que es lo que justifica su razón de ser frente a su competencia. Por ejemplo, Google brinda un desarrollo tecnológico distinto a otro software. Cuando otro software haga lo mismo, Google estará por encima, generando nuevas funciones.

En un mundo en el que la competencia suele ser aguerrida, es difícil diferenciar y construir su propia identidad. Difícil, pero no imposible. Observe a las grandes marcas como Pepsi, KFC y Zara. Estas han construido sus identidades de marca para controlar una gran parte del mercado. La diferenciación efectiva es uno de los principales desafíos que enfrentan las pequeñas empresas, ya que se ven obligadas a competir contra los monstruos empresariales.

Veamos siete maneras de ayudar a que su negocio se destaque de la multitud. Cada uno de los siguientes factores ha funcionado bien en innumerables empresas. ¿Cuántos de ellos forman parte de su estrategia de marca actual?

PROPORCIONE SERVICIO AL CLIENTE LEGENDARIO

Trate a sus clientes como a la realeza, incluso si no está en la industria de servicios. La creencia de que el servicio al cliente solo importa en la industria de servicios es un mito. Todos los clientes tienen la expectativa de un gran servicio y no tolerarán esperar en largas filas o recibir malas respuestas de los representantes.

Casi el 75% de los clientes declaran que consideran el servicio al cliente como una verdadera prueba de la competencia de una empresa. Las empresas conocidas con un excelente servicio al cliente incluyen Amazon y Hyundai. Pero incluso a las pequeñas empresas parece que les está yendo mucho mejor en esta área, ya que han descubierto el poder generador de lealtad brindando un extraordinario servicio al cliente.

ADMITA ERRORES Y SOLUCIONE PROBLEMAS

Admita errores y solucione problemas para establecer relaciones más sólidas. Los clientes equiparan la experiencia con las marcas. Si tienen una sola mala experiencia que queda sin resolver, anularán la marca de sus vidas. Y la retroalimentación negativa se propaga como un incendio forestal a través de las redes sociales y el boca a boca.

Necesita mejorar la experiencia del cliente. Un punto importante es aceptar sus errores, ya sea que sean su culpa o no. Los clientes prefieren negocios que aceptan sus errores y toman medidas para corregirlos. De hecho, las relaciones con los clientes pueden ser más fuertes después de un problema solucionado; es decir, si su gente las maneja bien.

SEA HONESTO SOBRE SUS PRODUCTOS Y SERVICIOS

La honestidad no es solo una buena política empresarial; debe ser su política principal. ¿No hay stock de la oferta que publicitaron? Llame y deje que sus compradores lo sepan para que no vayan en vano. ¿Uno de sus representantes de campo se equivocó con una oferta? No dude en conversar inmediatamente con su cliente. Mentir a los clientes es como dispararse usted mismo en el pie.

Si sus clientes lo descubren mintiendo, perderán la fe en usted e incluso podrán difundir comentarios negativos sobre su negocio. Una forma común de deshonestidad en los negocios es no compartir malas noticias. En realidad, cuanto más rápido comparta malas noticias, más le respetarán sus clientes. Solo asegúrese de que no sean muchas y de poder solucionarlo.

VENGA CON ALGO NUEVO

Continúe reinventando su empresa adoptando tecnologías emergentes e introduciendo nuevos procesos, productos y soluciones. Por ejemplo, haga uso de los medios sociales y las aplicaciones móviles, ya que un número creciente de compradores prefieren encontrar su negocio en sus teléfonos. Ha habido muchos ejemplos de personas con ideas únicas que han causado una impresión duradera. Esto llama la atención y ayuda a las empresas a distinguirse de la multitud; sin embargo, para ser efectivo, el producto o servicio subyacente debe ser bueno.

BUSQUE BUENA IMAGEN: RESPONSABILIDAD SOCIAL CORPORATIVA

Si bien algunos pueden argumentar que la responsabilidad principal de una empresa es cuidar de sus principales partes interesadas, como clientes, empleados y propietarios, los expertos creen que las empresas también deberían retribuir a la sociedad.

¿Sabía que la responsabilidad social corporativa es una herramienta de gestión de reputación increíble?

RSC (RSE) es un concepto por el cual las organizaciones piensan en los intereses de la sociedad al tomar responsabilidad en el impacto de sus actividades sobre sus clientes, colaboradores, accionistas, comunidades y el medio ambiente en todos los aspectos de sus operaciones.

Esta obligación va más allá de cumplir con la legislación en cuanto que toma medidas voluntarias para mejorar la calidad de vida de los empleados y sus familias, pues también piensa en la comunidad local y la sociedad en general.

Estos son los ejemplos más comunes de responsabilidad social corporativa:

- Reducir las huellas de carbono para mitigar el cambio climático.
- Mejorar las políticas laborales y abrazar el comercio justo.
- Participar en donaciones caritativas y ser voluntario en su comunidad.
- Cambiar las políticas corporativas en beneficio del medio ambiente.
- Hacer inversiones con conciencia social y ambiental.
- Reducir las huellas de carbono y el cambio climático.

Acciones empresariales inteligentes

Mejorar las políticas laborales y abrazar el comercio justo.
Los empleados merecen un reembolso generoso por el tiempo y el trabajo que dedican a su empresa. Las marcas que mejoran las condiciones de trabajo para todos los empleados, incluidas las asociaciones de comercio justo, pueden obtener grandes beneficios en forma de una fuerza laboral feliz y productiva.

Piénselo. Cuanto más felices estén sus empleados, es probable que su volumen de capacitación y reemplazos de personal sea menor. Y la rotación es costosa.

Por ejemplo, Netflix ofrece a sus empleados 52 semanas de licencia parental remunerada, que se aplica a ambos padres. Dentro de ese tiempo, los empleados tienen la opción de volver al trabajo y luego reanudar sus vacaciones pagadas según les convenga. No importa cómo decidan tomar su permiso de ausencia, reciben su salario completo por la totalidad de su duración.

Los beneficios de Spotify incluyen 24 semanas de licencia remunerada tanto para las mamás como para los papás.

Sin embargo, no es necesario hacer grandes gestos como estos para mejorar la moral de los empleados. La introducción de más iluminación natural, asientos suaves y plantas en el lugar de trabajo puede aumentar la energía y las buenas actitudes en la oficina.

Cambiar las políticas corporativas en beneficio del medio ambiente.

Method, la compañía de productos de limpieza, hace su parte para crear productos sustentables al empaquetar su plato y jabón de manos utilizando plástico recuperado del océano para ser «amables con el planeta pero resistentes a la suciedad». También se mantiene fiel a su misión de otras maneras. Method utiliza la energía eólica para alimentar a sus plantas de producción y hace que su jabón sea lo más biodegradable posible.

Cuando los esfuerzos de responsabilidad social de las empresas se convierten en parte de la cultura de la empresa, las personas toman nota. Estas compañías con conciencia social están liderando porque su enfoque es hacer del mundo un lugar mejor.

Otro ejemplo: TOMS, empresa de zapatos. Es conocida por su modelo de negocio que consiste en proporcionar un par de zapatos a una persona que lo necesita por cada par de zapatos que venden. Por admirable que sea ese objetivo, su lucha por los derechos humanos se extiende mucho más allá de eso. También se asocian con varias ONG (organizaciones no gubernamentales) y otras organizaciones sin fines de lucro para demostrar su comportamiento ético. TOMS también ayuda a restaurar la visión de las personas con discapacidades visuales, proporciona agua potable limpia y crea empresas en países en desarrollo; y por si fuera poco, combate el acoso escolar.

APAREZCA EN INTERNET

La mayoría de las empresas con visión de futuro están familiarizadas con los beneficios de la Internet. Si está cansado de no ser tomado en cuenta, si está buscando una forma nueva de compartir ideas y que su voz sea escuchada, tenga presencia en el monstruo de la red de redes (World Wide Web. En castellano: Internet).

Puede escribir el contenido usted mismo y/o hacer que los empleados contribuyan regularmente. Muchas empresas contratan escritores externos para proporcionar contenido. A veces es bueno tener a alguien más que maneje ciertas tareas. Precaución: asegúrese de concentrarse en el contenido de alta calidad. El texto puramente promocional ahuyentará a los lectores, mientras que el contenido perspicaz, entretenido y educativo los atraerá.

OFREZCA UNA GARANTÍA DE ENVÍO

¿Puede garantizar la entrega de un producto al día siguiente? ¿Tiene la suficiente confianza en su producto o servicio para respaldarlo al 100%? Si es así, garantícelo. Agregar este tipo de garantía a su mensaje de marketing muestra a los clientes actuales y potenciales que realmente se preocupa por su satisfacción. Esto es lo único que debe recordar: debe respaldar su garantía siempre y cuando pueda hacerlo.

Capítulo 5
VENDA UNA HISTORIA

Cada vez más marcas están comprendiendo el poder de las historias para transformar su presencia e identidad. Marcas icónicas como Disney y Coca-Cola se han dado cuenta desde hace tiempo del poder de una historia en su marca para establecer una conexión con su audiencia.

¿Por qué? Porque un cliente no solo participa en la historia en sí, sino que también participa de una manera monetaria. Cuando un cliente compra su producto, debe sentir que está comprando parte de la historia.

Existen marcas que se compran por la historia que tienen detrás, que emocionan y enamoran al consumidor y que buscan coincidir con sus creencias y principios.

¿Qué hay en una historia, sin embargo? ¿Cómo se desarrolla la autenticidad de la historia? Más concretamente, ¿cómo una historia de este tipo crea esa sensación de confianza que los clientes anhelan?

EL PODER DE LAS HISTORIAS
PARA CREAR CONFIANZA

Hay una buena razón para la popularidad de las historias entre marcas, empresas y personas. Las historias son una herramienta poderosa en la comunicación humana. Las investigaciones indican que el cerebro humano responde al poder descriptivo de las historias de forma que estas le afectan profundamente, influyendo tanto en la corteza sensorial como motora.

Leer una historia es sentir una experiencia y sincronizar nuestras mentes con el tema de la historia. Sincronizar es la palabra correcta. Los científicos lo llaman «acoplamiento neural».

En el proceso de acoplamiento neural, un orador y un oyente comparten una historia que permite a sus marcas interactuar de una manera dinámica e interactiva.

No, esto no es una «fusión mental», a pesar de que algunos científicos usan ese término en un esfuerzo por describirlo. Es la actividad cerebral que ocurre en dos personas simultáneamente, afectando las mismas áreas del cerebro durante el proceso de contar historias.

Los investigadores de Princeton utilizan la metáfora del reflejo: «La actividad cerebral del oyente refleja la actividad del hablante». El acoplamiento neuronal exitoso produce una mayor comprensión, anticipación y receptividad. El efecto neto de la comprensión, la anticipación y la receptividad es la confianza. Al contar una historia y conectarse con el lector, un narrador puede generar confianza en el lector.

Las historias producen confianza. Pero no cualquier historia servirá. Debe contar una historia que tenga las características correctas: características que produzcan un acoplamiento neuronal exitoso, además de aquellas que muestren características que hagan que el posible cliente se sienta integrado, «parte de».

CONSTRUYENDO UNA HISTORIA PARA SU EMPRESA O NEGOCIO

Las historias de marca no son anuncios de venta

Las historias aburridas no atraerán ni retendrán a los lectores, pero sí las historias llenas de personalidad. En otras palabras, su historia no debe estar dominada por una figura divina que domina la leyenda e infunde vida y poder a la compañía. No. Su historia debe estar inspirada en la presencia de personas que participan, crean, se conectan y desarrollan la saga del crecimiento y el éxito.

La personalidad impulsa la historia. Pero la historia no es una biografía de un individuo. Es la evolución de una entidad contada con personalidad.

La gente confía en otras personas. La razón principal por la que su historia debe estar basada en la personalidad es para que aparezca alguien real en el cual los clientes puedan confiar.

La historia debe ser simple

La historia debe ser simple. A pesar de que la descripción del origen de la compañía ocupe muchas palabras, su estructura debe ser conceptualmente sencilla:

1. Problema
2. Solución
3. Éxito

Eso es. Si intentamos incluir más ramificaciones en la historia, perderemos el enfoque. Las historias simples son mejores, la ciencia lo dice, y la experiencia lo afirma. Si bien podemos amar la complejidad de un argumento de *Harry Potter*, no podemos importar ese mismo modelo complejo en la historia de la marca. Necesitamos simplicidad.

Cada historia tiene un principio, un medio y un final. El modelo de tres partes mencionado anteriormente conlleva a esta progresión natural:

1. Inicio: Problema. Explica el problema que se propuso resolver.
2. Medio: Solución. Describe cómo lo resolvió usted.
3. Fin: Éxito. Anime a la gente con el éxito que esto produjo.

Pero tenga cuidado con el final. No se supone que sea un final como el de un cuento feliz. Debe sugerir el comienzo del éxito y la continuación (el cliente debe ponerse manos a la obra, o dinero a la obra).

Las historias simples son más confiables. Como algunas de las marcas más famosas del mundo han demostrado, la complejidad de la historia puede erosionar la confianza.

La historia da forma a la razón de ser de una empresa

¿Por qué existe su negocio? La respuesta debe ser una historia. Una respuesta como «para ganar dinero» es tonta. ¿Por qué existe su marca? ¿Cuál es la razón?

La respuesta a esa pregunta requiere que cuente una historia

Una marca como los zapatos Toms usa su historia como una piedra fundamental para su existencia. El lema, «Uno por uno», significa que por cada par comprado, Toms otorga un par de zapatos a alguien que lo necesita. Toms existe para mejorar vidas.

Su historia describe toda la razón de la existencia de la empresa. Eso genera confianza. Los clientes cuidadosos preguntan «¿por qué debería comprarle a usted?». Si puede contestar esa pregunta con una historia real, entonces se ha ganado la confianza de ese cliente.

La historia debe conectarse con sus clientes

En esencia, una historia no relata realmente lo que hace su empresa. Su empresa es la construcción, pero el objetivo de la historia es crear una conexión con sus clientes.

Cuente su historia de tal manera que le diga a sus clientes «nos relacionamos con usted, lo entendemos, somos como usted». Pocas cosas pueden comunicar ese nivel de compromiso como lo puede hacer una historia.

Una marca como North Face debe conectarse con personas activas y con mentalidad de aventura. Toda la idea de la marca es inspirar la aventura y la vida al aire libre. Su lema es «Nunca dejes de explorar». La historia de la marca comunica este ideal.

El tipo de cliente que quiere ser parte de esta historia prestará atención a la empresa North Face. Cuando su historia se conecta con el cliente objetivo, genera confianza. Usted gana.

Su historia sentará las bases de la confianza, pero solo la experiencia personal de un cliente cimentará esa confianza en algo que perdure. Daniel Kahneman dijo: «Somos mucho mejores narradores de cuentos que lógicos».

Hacer el bien

Muchas de estas marcas incorporan un elemento de bien social en sus historias, ya sea devolver a las comunidades o fomentar la sostenibilidad, o ayudar a los consumidores a encontrar lo mejor de sí mismos. Y, una vez más, estos objetivos elevados constituyen buenas historias.

ZAPATOS TOMS

Historia de la marca: De acuerdo con el sitio web, que incluye la historia de Toms, el fundador Blake Mycoskie «fue testigo de las dificultades que enfrentan los niños que crecen sin zapatos» durante un viaje a Argentina en 2006. «Un deseo de ayudar, creó Toms Shoes, una empresa que por cada par de zapatos comprados envía un nuevo par de zapatos para un niño necesitado», dice el sitio.

En pocas palabras: uno para uno

Medida del éxito: Hasta la fecha, Toms ha entregado más de 50 millones de pares de zapatos a los niños necesitados, ha ayudado a recuperar la vista de más de 360 000 personas y ha ayudado a proporcionar más de 250 000 semanas de agua potable en seis países. Además, Toms lanzó su colección de bolsas en 2015. Con cada bolsa comprada, la marca se comprometió a intermediar un parto seguro para una madre sin recursos.

¿Por qué funciona? Con las redes sociales, las marcas ahora son más que sus puntos de precio, son entidades vivas que respiran con personalidades, metas y valores. Los consumidores quieren sentir que no solo están obteniendo un buen producto, sino que lo obtienen de una buena marca. Por ejemplo, Toms pudo ingresar a una industria extremadamente competitiva con productos muy similares en precio, calidad y estilo a los de sus competidores establecidos. Pudieron hacerlo al combinar su oferta de productos con una sólida historia de marca de la que los consumidores podrían quedarse atrás y sentirse bien por ser parte.

GOPRO

Historia de la marca: En una carta, el fundador y CEO Nicholas Woodman en el sitio de GoPro, escribe: «GoPro ayuda a la gente a capturar y compartir las experiencias más significativas de sus vidas con otros, para celebrar juntos. Al igual que el hecho de que un día en la montaña con amigos tenga más sentido que estar solo, compartir nuestras experiencias colectivas hace que nuestras vidas sean más divertidas. Las cámaras más versátiles del mundo que hacemos permiten compartir tu vida a través de increíbles fotos y videos».

En pocas palabras: Piénsalo. Míralo. Hazlo.
Medida del éxito: La marca ha añadido recientemente una integración periscopio, lo que permite a los usuarios transmitir en directo desde sus cámaras Hero4 negro o plata. En aquella época anunció que esperaba que los ingresos de 2015 sean de $ 1.6 mil millones.

¿Por qué funciona? Se trata de compartir en la comunidad. Lo que comenzó como una idea para ayudar a los atletas a documentarse a sí mismos, ahora se ha convertido en un estándar para que las personas se involucren en sus intereses, cualesquiera que sean.

UBER

Historia de la marca: Uber dice que está evolucionando en la forma en que el mundo se mueve. «Al conectar a los usuarios con los conductores a través de nuestras aplicaciones, hacemos que las ciudades sean más accesibles, abriendo más posibilidades para los pasajeros y más negocios para los conductores», agrega la marca.

Medida del éxito: La marca ha celebrado recientemente su viaje de mil millonésima Uber y, según Business Insider, que vale más de $ 62,5 mil millones y está levantando $ 2 mil millones en financiación.

¿Por qué funciona? Uber es la alternativa de taxi «donde quieras, cuando quieras» que ha redefinido el transporte.

Capítulo 6
UN NICHO DE
MERCADO ESPECÍFICO

Una empresa de nicho es una empresa que se concentra en un tipo particular de producto dentro de un segmento de mercado específico. Si bien muchas empresas empiezan como empresas de nicho con especializaciones estrechamente definidas, solo algunas siguen siendo empresas de nicho a medida que crecen. Otras se extienden y agrandan sus ofertas. Sin embargo, las empresas de nicho perpetuo tienen ciertas ventajas clave sobre empresas más grandes o más diversificadas.

AHORRA DINERO EN PUBLICIDAD

Un área donde las empresas de nicho tienen ventajas naturales es el campo de la comercialización. El marketing de nicho es el proceso de apuntar a un grupo específico de consumidores. Las empresas de nicho se centran en los nichos de mercado con el entendimiento de que esto excluye a un gran número de consumidores. Sin embargo, son los consumidores dentro del nicho de mercado quienes tienen más probabilidades de comprar los productos o servicios de la compañía.

Al segmentar los mercados y centrarse en determinados datos demográficos, las empresas especializadas pueden reducir sus presupuestos de marketing (gastar menos dinero). Por ejemplo, una compañía de nicho que solo vende seguros de vida puede anunciar a los jubilados, en la televisión, en un horario de la mañana cuando las tarifas de publicidad son más bajas, mientras que una compañía de servicios financieros en general necesita comprar anuncios más caros durante las horas de mayor demanda para atraer seguros de automóviles para los más jóvenes o préstamos universitarios en algún banco.

NECESITA COMPRAR UNA SOLA COSA

En términos de diseñar una estrategia de negocios, una compañía de nicho puede permanecer enfocada en su área de especialización.

Una vez que la compañía elige seguir siendo una empresa de nicho en lugar de expandir sus ofertas, los líderes empresariales pueden establecer planes a corto y largo plazo para alcanzar objetivos claros. Como por ejemplo, una empresa de nicho que fabrica bates de béisbol puede invertir en contratos de proveedores de madera e instalaciones de fabricación, mientras que un fabricante de artículos deportivos en general necesita dividir estratégicamente sus recursos entre muchos proveedores diferentes, fábricas y proyectos de desarrollo de nuevos productos.

PUEDE CUMPLIR MÁS PEDIDOS DE LOS CLIENTES

Cada empresa dedica recursos para solicitar comentarios de los clientes y trabaja para satisfacer las demandas de los clientes. Es más probable que una empresa de nicho reciba comentarios constantes de su mercado homogéneo. Esto facilita que las empresas especializadas produzcan nuevos productos, cambien las políticas y gestionen las relaciones públicas basándose en los comentarios de los clientes.

Las compañías más diversificadas pueden enfrentar problemas cuando intentan generalizar y hacer cambios que aborden ciertas necesidades de los clientes pero que disminuyan la satisfacción de otros.

OBTENDRÁ EXPERIENCIA Y REPUTACIÓN

Con el tiempo, una empresa especializada puede desarrollar una reputación por su trabajo en un campo determinado. Esta reputación le permite a una empresa especializada posicionarse como líder y experto en el campo.

Las empresas de nicho se centran en hacer una cosa bien en lugar de hacer muchas cosas con mediocridad. Por ejemplo, una empresa de software local puede describirse como la que tiene la calificación más alta de satisfacción del cliente entre todos los clientes de pequeñas empresas en su región de operación.

Las compañías de software que se dirigen a los mercados comerciales nacionales con clientes de todos los tamaños no pueden hacer tales reclamos o desarrollar asociaciones claras como la mejor, o la única, opción para los clientes.

Pero, quizás, el mejor ejemplo lo tengamos con las cámaras fotográficas. Una empresa que solo se especializa en estas tiene más reputación que una empresa que lanza diversos productos de tecnología en los cuales incluye cámaras fotográficas. Eso no huele a especialización ni a dedicación.

Capítulo 7
QUE EL CLIENTE
SE SIENTA DIFERENTE

Consiga que el cliente se sienta diferente, ofreciéndole una experiencia de compra fácil, agradable y memorable. Será una «poderosa» razón para que el consumidor prefiera el producto de una u otra empresa. Disneylandia, por ejemplo, rodea su producto de vivencias inolvidables.

¡RECUERDE, LOS CLIENTES
TAMBIÉN SON PERSONAS!

Todo el mundo ama ser reconocido, incluso en pequeñas formas. Una cosa que puede hacer es asegurarse de tratar a sus clientes como personas reales, no solo robots en el otro lado de la pantalla de una computadora.

Averigüe cuándo sus clientes van a celebrar sus cumpleaños o aniversarios para que pueda ayudarlos a celebrar. Si funciona para su modelo de negocio, considere ofrecerles un descuento especial. Esto no solo puede ayudar a aumentar sus ventas, sino que también hará sentir a sus clientes que usted los valora. Para agregar emociones a la experiencia, use papelería y firme la tarjeta personalmente cuando la envíe por correo. Enviar una tarjeta escrita a mano puede ser mucho más especial que enviar un correo electrónico.

Jackie Lam, fundadora de Cheapsters.org, dijo que envía tarjetas y notas hechas a mano a sus clientes para que se sientan valorados.

Aunque las ocasiones divertidas son geniales, también es importante estar allí para los clientes en tiempos difíciles. Sarah Bettencourt dijo que trata de recordar que sus clientes también son personas. «He enviado algunos de ellos flores cuando han sufrido una pérdida o enfermedad», dijo. «A veces los llamo y tengo una conversación sincera con ellos sobre una situación difícil o para elogiarlos por sus logros».

DE ATENCIÓN PERSONAL

Si sus clientes compran en línea en lugar de hacerlo en una tienda, no los bombardee con correos electrónicos y llamadas porque se sentirán agobiados. Puede alejarlos si sienten que los está presionando, lo que podría generar pérdidas en su negocio.

Encontrar el equilibrio adecuado de atención personal sin cruzar la línea de empuje puede parecer complicado, pero en realidad se trata de hacerles saber que usted está ahí para ellos y sus necesidades. Sea visible y esté disponible para que sepan que usted está allí para ayudarlos. Salúdelos por su nombre y hágalos sentir que son su principal prioridad. Se sentirán valorados y volverán a su empresa, si es que están yendo a su competencia.

DE LAS GRACIAS

Siempre que pueda, agradezca a sus clientes por hacer negocios con usted. No exagere porque parecerá falso. Siempre sea sincero cuando les dé las gracias porque sus clientes pueden detectar una falsedad fácilmente, lo que puede hacer que se sientan engañados y genere el efecto contrario. Si desea ganar la lealtad del cliente, debe ser auténtico.

Una forma de agradecer a sus clientes es ofrecerles algo especial en las vacaciones, como un pequeño regalo o una tarjeta.

La editora de manuscritos, Megan Harris, dijo que envió regalos de Navidad personalizados a muchos de sus clientes para mostrar su agradecimiento. «Los clientes más nuevos obtuvieron tarjetas de regalo de Starbucks. Los clientes que he tenido durante años obtuvieron cosas como guantes sin dedos, dados para juegos de mesa, calcomanías con espejos retrovisores, cómics, etc.», dijo. «Puede que no envíe tantos regalos personalizados el próximo año, pero fueron sorpresas y a todos les encantó».

O bien, celebre un día que aprecie el cliente para agradecerle por haber elegido hacer negocios con usted. Recuerde, ellos son la razón por la que usted está en el negocio, así que haga que se sientan apreciados.

CREE UNA LISTA VIP

Si tiene algunos clientes que son muy leales con usted y hacen muchos negocios con usted (le compran), cree una lista VIP de esas personas. Puede organizar una venta especial solo para ellos, o abrir su negocio durante las horas libres para un evento VIP especial. Por supuesto, usted tratará a todos sus clientes como si fueran reinas y reyes. Tener una lista VIP simplemente reconoce el volumen de compras (o negocios) que algunos de sus clientes hacen en su empresa y les agradece por su patrocinio.

ESCUCHAR COMENTARIOS

Al recopilar un poco de información de sus clientes, puede descubrir qué les gusta y qué no les gusta. Hacer esto le permite hacer cambios para satisfacer sus gustos, de modo que no solo pueda aumentar sus ventas, sino también atenderlos y hacer que se sientan realmente valorados. También puede usar la información para informarles cuándo estarán disponibles nuevos productos o servicios que saben que les gustará. Siempre busque formas de mejorar lo que tiene para ofrecer con el espíritu de querer ayudarlos.

CONVIÉRTASE EN SU CLIENTE

Una forma de ayudar a sus clientes a sentirse valorados es convertirse en su cliente. Si sus clientes también tienen negocios o productos, téngalos en cuenta cuando necesite servicios o productos que tengan disponibles. Cuidado, si ellos descubren que usted hizo negocios fuera de la ciudad o con alguien que no es cliente suyo, podrían deshacerse de usted y encontrar a alguien a quien expresar fidelidad.

MANTÉNGASE PRESENTABLE

Para que sus clientes se sientan especiales, usted también tienes que convertirse en algo especial. Si tiene un escaparate, siempre debe ordenarlo, limpiarlo y mostrarlo de manera que genere atracción. Necesita la iluminación, la música e incluso la temperatura adecuada para hacer que sus clientes se queden más tiempo y compren más. Use papel de envolver especial y envuelva regalos para ellos durante los días festivos o en sus cumpleaños. Haga todo lo posible para que su tienda o negocio sea de primera y extraordinariamente especial porque sus clientes se lo merecen.

Si dirige su negocio en línea, en lugar de hacerlo en una ubicación física, mantenga actualizados su sitio web y los sitios web móviles. Haga que sea fácil contactarlo.

COMUNICAR

Mantenga a sus clientes informados de las novedades de su negocio. Hágales saber si está ofreciendo nuevos productos o servicios y cuándo vendrán. ¿Está planeando tener una venta especial o promoción? Envíe una invitación o boletín informativo para que sus clientes lo sepan. Incluya una venta promocional con disponibilidad y fechas limitadas para informarles que los productos que ofrece son especiales.

TRATAR BIEN A LOS EMPLEADOS O CONTRATISTAS

Puede decir mucho sobre un negocio la forma en que una empresa trata a sus empleados, así como a sus clientes. ¿Tiene empleados o personal que ha contratado en su negocio? Si es así, necesita tratarlos como oro.

Tener un gran equipo puede hacer o deshacer todo su negocio. Si sus empleados se sienten, valorados, presumirán de trabajar para usted y de lo maravilloso que es hacerlo. Su empresa no inspira lealtad a los empleados únicamente porque da descuentos de sus propios productos. Mejor trátelos bien. Agradézcales por trabajar para usted. Reconózcales frente a otras personas cuando pueda, pero sin exagerar ni parecer falso. Recompense las ideas creativas o cuando hagan un trabajo increíble. Presente una sección en un boletín informativo regular que hable sobre los empleados, este puede ser mensual o trimestral. Ayúdelos si están luchando por sobresalir.

¿Lo ha notado? A lo largo de este capítulo ha habido un tema recurrente en lo que respecta a que sus clientes se sientan realmente valorados. Eso es, el tema aquí es tratar bien a las personas. En algunos casos, tiene que tratar a las personas mejor de lo que pueden merecerlo. Poner un verdadero esfuerzo para que sus clientes se sientan especiales puede tener recompensas increíbles para su negocio, no solo hará que ellos se sientan especiales, sino que hará que su negocio parezca especial.

Capítulo 8
MÁS IMPORTANTE DE LO QUE SE VENDE, ES CÓMO SE VENDE

Más importante de lo que se vende, es cómo se vende, esto sucede así porque la manera de exponer el producto crea una diferencia en la percepción de los clientes. Además, sus características pueden ser muy similares a los de la competencia. El secreto está en comunicarlo de una manera persuasiva y firme para que los consumidores lo relacionen con la compañía.

VISUAL MERCHANDISING: CÓMO MOSTRAR LOS PRODUCTOS EN SU TIENDA

La comercialización visual consiste en mostrar productos para ayudar a los clientes a encontrar lo que quieren además de motivarlos para que realicen compras más grandes. Mucho más que simplemente instalar estantes, la comercialización visual lo ayuda a encontrar el diseño óptimo de la tienda y a determinar exactamente dónde colocar los productos.

Cuando se trata de tiendas minoristas, lo que está en sus paredes puede ser tan importante como lo que está en sus estantes.

¿QUÉ ES VISUAL MERCHANDISING?

La comercialización visual es el proceso de diseño de su distribución de piso, diseño de estanterías y exhibiciones de productos para maximizar las ventas y brindar a los clientes una experiencia de compra emocionante. La comercialización visual explica cómo se comportan los clientes en una tienda y, por lo tanto, cómo su ubicación de productos puede proporcionar una experiencia de compra óptima.

UNA TIENDA ATRACTIVA

Estos son los objetivos principales que debe tener en cuenta cuando piense cómo comercializar en su tienda.

Imagen de marca

¿Cuál es su marca? Asegúrese de que cuando los clientes caminen en su tienda, sepan que están en el lugar correcto.

Influencia en los hábitos de compra de los clientes

El diseño correcto de la estantería y la colocación del producto atraen clientes a las áreas de su tienda donde se encuentran los artículos (sí, esto se convertirá en dinero). Al practicar este concepto, atraerá a los clientes para que compren cuatro artículos cuando en realidad solo querían dos.

Mantener estas dos cosas en mente le permitirá crear un diseño de piso orientado a las ventas además de un plan de comercialización de productos que se relacionan o complementan con otros, logrando así maximizar el potencial de ventas de su tienda.

DISEÑOS DE PISO Y
ESPACIAMIENTO DE PASILLOS

Un buen diseño de piso le asegurará que está colocando todos sus productos en lugares que ofrecen el atractivo suficiente para lograr una venta. Los clientes deben sentir lo fácil que es moverse y comprar en su tienda sin tener que apartar la vista de los estantes.

A medida que planea dónde desea que sus productos se muestren en su tienda, es importante conocer el tipo de diseño al que apunta. El diseño se refiere a la forma en que se coloca la estantería en toda la tienda, de modo que sus artículos se compren fácilmente y el tráfico de clientes fluya hacia aquellos que producen más ganancias.

Hay tres diseños principales que puede usar, es importante saber un poco acerca de cada uno, ya que determinarán cómo planea la colocación de su producto.

1. Diseño de tienda recta

Este diseño le brinda el espacio de piso máximo para mostrar la mercancía y lleva a los clientes a puntos focales claramente definidos. Este plano de planta suele ser utilizado por supermercados, tiendas de conveniencia y tiendas de a dólar.

Piense en lo atractivo que resultaría pasear por su tienda o local, mirar productos nuevos o que no tiene en mente, hasta llegar al final del pasillo, hacia el producto que realmente necesitaba. Hablaremos sobre los tipos de productos que se deben colocar en estas ubicaciones después.

2. Diseño de tienda angular

Algunas veces, también llamado plan de piso «mixto», un diseño angular utiliza una mezcla de tipos de vistas. Este plano de planta ocupa más espacio, pero tiende a ser más agradable visualmente: cada producto se puede exhibir en su estilo óptimo y con la luz adecuada. El diseño angular se utiliza normalmente en joyerías, tiendas de ropa y otras boutiques.

3. Diseño de piso de bucle

Un plano de bucle también utiliza una combinación de unidades de visualización. La diferencia es que las estanterías están configuradas para formar un camino especial en el que los visitantes pueden transitar, es una especie de «circuito» con trampa de venta.

Los planos de planta en bucle ocupan más espacio que los diseños rectos y angulares, pero generalmente proporcionan la mejor visibilidad de sus productos.

Recuerde, no puede hacer que ninguno de estos planos de planta le sirva si no tiene los accesorios y las estanterías adecuadas.

PLANIFICACIÓN DE PRODUCTOS

Ahora que comprende el diseño de planta que desea utilizar, es hora de comenzar a planificar cómo desea colocar sus productos. Es importante que dedique mucho tiempo a planificar la colocación de su producto porque, si se realiza correctamente, sus clientes siempre tenderán a tomar una o dos cosas adicionales en el camino mientras van hacia donde realmente necesitan. También les resultará más fácil localizar los productos que desean comprar.

Aquí hay algunos puntos generales de comercialización que se aplican a la mayoría de las pequeñas empresas, independientemente del tipo de plano de planta que elija:

1. Ponga los productos más consumibles en la parte final de la tienda.

Esto obligará a los clientes a caminar por todas las áreas de comercialización principales mientras van hacia el área de productos básicos: leche, papel higiénico o pan. Descubrirá que los clientes siempre recogerán uno o dos artículos adicionales que olvidaron o se dieron cuenta en el camino de que lo necesitaban.

2. Alinee la ruta hacia la parte posterior de la tienda con elementos de alto margen.

Coloque artículos que parece que no necesitan, pero que en realidad sí lo hacen, a modo de recordatorios en el camino de los productos que todos suelen comprar.

El papel higiénico en este ejemplo tiene un porcentaje de ventas particularmente alto. Es un recordatorio perfecto para los clientes que olvidaron algo, o están a punto de quedarse sin el producto en el hogar. Les recuerda que deberían obtener más. Esto se traduce en ventas adicionales para su negocio.

3. Coloque mercadería de temporada y artículos pequeños de alto margen de ventas al comienzo de su tienda.

Mantenga estos productos como pantallas en su tienda mientras dure la temporada. No querrá quedarse con productos fuera de temporada para después rebajarlos buscando que se vendan de una vez.

Peor aún, podría quedarse con toda la mercadería teniendo, al final, que tirarlo todo, así que genere ventas de temporada manteniendo esos productos de moda al frente de su tienda.

Si no tiene suficiente mercancía de temporada, coloque en esa zona artículos más pequeños con márgenes altos de ventas como chicles, dulces o accesorios. Aquí es probable que ocurran compras impulsivas.

4. Coloque la mercadería en general y los comestibles en lados separados de la tienda.

Permita que los clientes se familiaricen con las diferentes zonas donde se encuentran los productos de su tienda, y mantenga una gran apariencia constantemente. Puede considerar organizar su tienda en departamentos y categorías para que los clientes sepan dónde encontrar un determinado producto.

5. Los clientes siempre giran a la derecha al ingresar.

El lado derecho de una tienda después de la entrada es la dirección más común a la que se dirigen los clientes, por lo que es uno de los espacios de comercialización más importantes que debe utilizar. SIEMPRE asegúrese de colocar artículos de alto margen de ventas y alto consumo en estos lugares.

Esta área, conocida como el «muro de poder», dice mucho sobre su marca. Elija los artículos que sean más atractivos (no necesariamente los más populares) y anime a los visitantes a aventurarse más adentro.

6. Nunca coloque artículos que puedan robarse en la parte posterior de su tienda.

La parte posterior o del final de su tienda suele ser la ubicación más fácil para el robo, ya que es la zona más oculta. Mantenga los artículos de alto robo, como cosméticos y accesorios para el cabello, almacenados cerca de las cajas registradoras y las áreas que se pueden ver fácilmente desde múltiples puntos de su tienda.

Además, asegúrese de tener una vista clara de la parte posterior o final de la tienda, si tiene cámaras de seguridad a buena hora.

COMERCIALIZACIÓN VISUAL PARA UN MERCADO / TIENDA MINORISTA

Si tiene una tienda de comestibles o mercancía general, aquí hay algunos consejos adicionales sobre cómo exhibir su mercancía:

Clasifique sus productos por pasillos o por grupos de pasillos, esto significa que debe tener departamentos o categorías en toda su tienda para una apariencia y sensación organizada.

Coloque los artículos de alto margen de ventas al frente de su tienda. Estos incluyen cosas como:

- Gafas de sol
- Artículos escolares
- Sodas y golosinas
- Baterías y pequeños aparatos electrónicos

Coloque consumibles y productos de uso diario en la parte posterior o final de su tienda. Todo el mundo necesita toallas de papel, papel higiénico y bolsas. La colocación de estos artículos de gran volumen de ventas en la parte posterior de su tienda permite a los clientes observar otros productos mientras caminan hacia los productos que necesitan, lo que le brinda una mejor oportunidad de obtener ventas adicionales.

Coloque artículos de temporada en los extremos de los pasillos interiores y también en el lado derecho de su tienda.

Intente mezclar o «cruzar mercadería» con múltiples márgenes altos de ventas junto con artículos estacionales para maximizar las ventas.

MERCHANDISING VISUAL PARA UNA JOYERÍA

Se usa el mismo concepto para atraer clientes en una joyería. Por lo general, este tipo de tiendas usan vitrinas en la parte principal del piso para exhibir collares, relojes y pulseras, además de piedras preciosas. Esto se debe a que, en la mayoría de los casos, los clientes van a comprar diamantes, que siempre están en la parte de atrás de las joyerías, y pasan por los rubíes, los zafiros y el oro. Ahora, tratándose de una joyería de materiales más económicos, intente jerarquizar tal como se va de la plata a los diamantes.

Es el mismo concepto de poner los artículos más buscados y de gran volumen en la parte posterior. Atrae a los clientes más allá de todas las joyas de alto margen de ventas como collares, pulseras, que le dan la oportunidad de una venta adicional. También es un diseño de flujo libre para ayudar a mantener el ojo de los clientes en constante expectativa al permitir una buena visibilidad de lo que está sucediendo en la tienda.

Algunas tiendas de joyas también usan exhibiciones de mostrador para exhibir joyas a precios más bajos y artículos que traen márgenes de ventas más altos, luego se colocan piezas más caras en el estuche debajo de ellas.

Otro punto importante a considerar en las joyerías es la iluminación. Asegúrese de utilizar la iluminación adecuada para mejorar sus productos, tanto dentro como fuera de las vitrinas.

MERCHANDISING VISUAL PARA UNA BOUTIQUE

Se debe crear una tienda de ropa o boutique para que los clientes naveguen abiertamente por su tienda mientras los atrae a marcas de mayor preferencia. Estas tiendas son generalmente una mezcla de diseños angulares y rectos.

Estos son los puntos importantes que se deben tener en cuenta al colocar productos en un entorno boutique:

Organice el piso de ventas por marcas: tenga un plan para las marcas que desea al frente de la tienda y las otras marcas que desea en la parte posterior de la tienda.

Ponga marcas reconocidas en la parte posterior de la tienda: use marcas famosas como Ralph Lauren o Dior para atraer a los clientes, aunque luego compren luego las otras marcas menos conocidas, esta táctica claramente le brinda la oportunidad de llamar la atención y aumentar las ventas.

Muestre siempre la ropa desde los colores más claros a los más oscuros para un atractivo visual óptimo.

Organice los tamaños más pequeños en la parte delantera: hágalo después de que haya arreglado los colores, organice cada uno por tamaño, de menor a mayor. Un ejemplo de esto sería colgar jeans grises, azules y negros en un estante. Comience con los pantalones grises y cuéguelos de menor a mayor, luego pase a los azules y así sucesivamente.

Accesorios / ropa interior van en la parte posterior: estos artículos son prendas de alto robo y deben mantenerse cerca de las cajas registradoras o estaciones de conexión, donde los empleados están estacionados. Esto ayudará a controlar la cantidad de robo por contracción de estos elementos que puede crear.

Ahora hablemos de la última parte de nuestra tienda de mercancía: el área de la caja registradora.

MERCHANDISING EN LA ZONA DE LA CAJA REGISTRADORA

El área de la caja registradora de su tienda es la propiedad inmobiliaria principal para vender artículos atractivos de bajo costo que captan la atención de los clientes justo antes de que se vayan. Llene esta área con artículos como pequeños refrescos, barras de caramelo, baterías, lentes de sol, calcetines, accesorios para el cabello y similares.

Los artículos que decida colocar en esta área de su tienda deben incluir un margen de beneficio de al menos el 50%. También deben colocarse de una manera que no interrumpa las experiencias de pago de los clientes, así que trate de no sobrecomercializar la zona de la caja. Los clientes deben tener suficiente espacio para colocar al menos 10 artículos en el mostrador al mismo tiempo que miran esos otros artículos.

Mantenga estos dos pensamientos adicionales al diseñar su área de pago:

Dónde ubicar la caja

Coloque las cajas registradoras en la parte frontal izquierda o en el centro de sus tiendas. La ubicación le permite vigilar de cerca quiénes van y vienen. Estas también son áreas donde normalmente se colocan los artículos de menor margen, por lo que no está perdiendo valioso espacio en el piso de ventas donde se pueden colocar los artículos de boletos altos.

Qué tipo de material usar para el mostrador de pago

Si su empresa es una joyería, se recomienda usar un mostrador de vidrio resistente. Esto le permitirá comercializar joyas de alto precio con mayor seguridad sin que pierda su atractivo. Si usted tiene una tienda minorista general o una boutique, se recomienda usar madera dura o metal. Necesitará algo con peso para respaldar las cantidades y los tipos de productos que vende.

Mostrar artículos en toda su tienda de una manera que capte la atención de los clientes es, en el mejor de los casos, difícil. Recuerde mantener los artículos constantemente agrupados en su tienda. Mantenga los artículos de alto volumen de ventas que pueden ser objeto de robo hacia atrás para garantizar su seguridad y para quelos clientes den un recorrido y acaben comprando más.

SEGUNDA PARTE
CÓMO VENDER

Capítulo 9
¿CÓMO SE PUEDE VENDER?

Se ha decidido por el mejor producto o servicio que ofrecer. Ahora necesita identificar su mercado objetivo y elegir un canal de ventas (o canales) para llegar a ellos.

VENTAS TELEFÓNICAS

Probablemente es el método más barato y más fácil para comenzar, ya que todo lo que necesita es una lista de números y un teléfono que funcione. Tendrá que empezar reuniendo algunas pistas. Cuanto mejor calificado esté su lista de clientes potenciales, más efectivas serán sus llamadas. Sin embargo, incluso una lista de clientes potenciales bastante deficiente puede ser efectiva si realiza suficientes llamadas.

VENTAS POR INTERNET

Los sitios web son una herramienta crítica para empresas de todos los tamaños. Construir un sitio web efectivo puede ser costoso en tiempo y dinero. Sin embargo, hay muchas empresas de alojamiento web gratuitas que proporcionan herramientas fáciles de usar y suficientes para publicar un sitio web simple.

CORREO DIRECTO

Reunir un buen paquete de correo directo, obtener una lista de posibles clientes e imprimir y enviar las cartas es la opción más cara de todas, pero también puede tener devoluciones sustanciales en ganancias. Con un paquete de correo directo, puede llegar a miles o incluso millones de prospectos a la vez sin que lo rechacen.

VENTAS PRESENCIALES

Se llama así a las ventas de campo cara a cara, y quien domine este tipo de ventas, simplemente disparará el éxito empresarial.

Vamos a desarrollar cómo se deben hacer estas clases de ventas. Puede elegir la que más le convenga, pero también puede elegir algunas en paralelo o todo a la vez.

Capítulo 10
VENTAS TELEFÓNICAS

Pocas herramientas son más efectivas y necesarias para generar ventas y citas de ventas que el buen teléfono antiguo.

Por alguna razón, las llamadas en frío inspiran miedo. Quizás ese temor se debe al hecho de que la mayoría de nosotros, en un momento u otro, hemos sido menos amables con un interlocutor que ha interrumpido nuestra cena o ha llamado justo en medio de una discusión familiar para preguntar: «¿Le gustaría ahorrar dinero en su factura de teléfono?».

A continuación las mejores estrategias para tener éxito en sus llamadas:

SUPERE SU MIEDO

No es personal, para los destinatarios de sus llamadas, usted es una voz que llega a través de un pequeño dispositivo de plástico, alguien que ha interrumpido lo que estaba haciendo. No importa lo mal que alguien lo trate, dese cuenta de que en cuanto termine la llamada, la persona se olvidará de usted, haga también lo mismo. Segundo, entienda que las llamadas telefónicas en frío son un juego de números. Necesita obtener suficiente «no» para llegar a un «sí». Cuando se ve de esta manera, el «no» simplemente se convierte en un paso más hacia el «sí».

Una vez que haya superado el temor de hacer llamadas, hay una serie de técnicas y trucos que lo ayudarán a ser más efectivo.

Recuerde pensar en una lista de clientes objetivo a los que llamar.

PLANIFIQUE SUS LLAMADAS

Reserve tiempo suficiente para entrar en un ritmo, al menos haga dos horas por bloque y planee hacer un número determinado de llamadas. Por lo general, llamar de mañana puede ser mejor que llamar en las tardes, pero después de esas horas también puede ser muy bueno. Tenga en cuenta que esto no significa evitar llamar en otras ocasiones. Más llamadas equivalen a más ventas. Incluso tendrá éxito llamando durante las vacaciones.

PLANIFIQUE CADA LLAMADA

¿Cuál es el objetivo? Normalmente, no será para presentarse, describir su producto y hacer una venta en una sola llamada. Normalmente, debería limitarse a uno de estos pasos. Entonces, si su objetivo es programar una cita de ventas, diseñe su guion para este objetivo y apéguese a él. Evitar involucrarse en una discusión fuera de este objetivo mejorará su tasa de éxito y le hará ganar credibilidad, ya que la persona del otro lado del teléfono reconocerá que usted también es un profesional ocupado.

LA VOZ

Los empresarios pueden ser corteses con los aficionados, pero les gusta hacer negocios con otros profesionales. Su voz puede transmitir cualquiera de las dos (la de un aficionado o la de un profesional), cuidado. Si está nervioso, su voz se hará más alta (no haga esto). Además, los nervios aumentan la velocidad con la que hablamos. Deliberadamente contrarreste estas tendencias. Antes de llamar, baje la voz. Piense en sí mismo como una persona muy importante a punto de llamar a otra persona importante. Diga sus primeras palabras lentamente. Sea educado pero no demasiado «dulce». Recuerde: usted es importante. Además, sonría cuando hable. Esto agregará calidez a su voz.

SU GUIÓN

Este debería ser sencillo y directo. Preséntese con confianza y credibilidad, brinde una breve explicación de por qué llama y solicite su objetivo:

«Hola John, soy Mary Jones, presidenta de la compañía XYZ. Tengo un producto que utilizamos con otras compañías como la suya, como *ejemplo 1, ejemplo 2*. Estaré trabajando en su área el próximo martes y jueves por la mañana, y me gustaría mostrarle brevemente cómo ahorraron estas empresas $ ___. Tengo un espacio a las 9 de la mañana del martes.

Nota: Cuando reciba una pregunta, una buena técnica es responder de forma directa y breve y seguir con otra pregunta. Ejemplo:

—¿Cómo ahorra dinero?

—Tenemos un nuevo sistema propietario que reduce los desperdicios en más del 50 por ciento. Veo que también tengo un espacio para las 11 am... ¿Sería mejor a las nueve o a las once?

El portero

Esta es la persona cuyo trabajo es proteger a su objetivo de llamadas telefónicas no deseadas. Esta persona no es su amiga, pero no la convierta tampoco en su enemiga. Su primera llamada a un portero le dirá qué tan difícil será su objetivo para telefonear. Suponiendo que ya ha descubierto quién es su objetivo, cuando haga su primera llamada y la recepcionista o el asistente respondan, simplemente declare de manera educada pero autoritaria:

Usted: «Buenos días, Soy Mary Jones. ¿Está John?»
Guardián: «¿Quién? ¿Perteneciente a?»
Usted: «Sí, Mary Jones con XYZ. ¿Está él allí o debería llamarlo a su teléfono móvil?».

Sabrá usted con bastante rapidez lo difícil que será pasar por el portero. Se sugiere que solo deje mensajes en una llamada fría como último recurso. Su objetivo no volverá a llamar. Sin embargo, siempre puede obtener información útil de esta interacción. Ejemplo:

Guardián: «Puedo tomar su mensaje si lo desea».
Usted: «Oh, gracias. Estoy saliendo, pero puedo volver a intentarlo más tarde. ¿A qué hora lo puedo esperar?».
Portero: «Aproximadamente a las 4 p. m.»
Usted: «Bien, ¿hasta qué hora puedo comunicarme con usted? ¿A qué hora puedo contactarlo por la mañana?».

Estas dos últimas preguntas suenan inocuas, pero si las responde, sabrá a qué hora llamar para evitar al portero. A menudo, los ejecutivos y propietarios trabajan más tarde que el portero o entran antes de que llegue el portero, y a menudo recogen un teléfono sin respuesta. Además, muchos sistemas telefónicos tienen un directorio de extensión individual al que puede acceder después del horario de atención.

Si esto no funciona, puede llamar en otro momento y simplemente preguntar por el departamento de ventas. Prácticamente todos las recepcionistas saben que cuando las personas solicitan ventas, se dirigen directamente a un vendedor. Como usted, los vendedores están ocupados. Cuando respondan, diga: «Oh, debo de haber recibido la extensión incorrecta, estaba tratando de localizar a John. ¿Cuál es su extensión?». No se sorprenda si esta persona simplemente lo transfiere directamente al jefe. Y cuando eso suceda, prepárese para iniciar tu guion como si estuviera feliz de escucharlo.

«Oh, hola, John. Soy Mary Jones de la compañía XYZ. Tengo...».

Colgar

Una vez que logre su objetivo, diga: «Gracias, nos veremos a las 9 a.m. del martes. Adiós». Muchas personas logran obtener el consentimiento o cerrar una venta. Luego, sintiéndose bien, abren una nueva línea de discusión con su nuevo amigo, solo para ver cómo se desenvuelve la venta. De nuevo, deje de hablar y cuelgue.

No deje que su teléfono venda su identidad. La mayoría de los teléfonos de oficina tienen identificador de llamadas. Averigüe qué dice la ID de la persona que llama pero que es recibida. Si dice «compañía de ventas XYZ», está empezando en desventaja. Si tiene su nombre personal, es mucho más probable que despierte su curiosidad para responder.

Empezar

Las primeras 100 llamadas son las peores. Irán mejorando cada vez que haga una más, no se preocupe.

Capítulo 11
VENTAS POR INTERNET

Aprender a vender en línea puede ser desalentador. Tiene que averiguar qué productos vender y dónde comprarlos. Pero saber cómo vender en línea con éxito nunca ha sido más lucrativo.

Para vender en línea (Internet) hará lo siguiente:

- Elabore una estrategia para vender en línea.
- Venda a través de su propia tienda, un mercado como Amazon o en las redes sociales.
- Encuentre productos para vender en línea.
- Atraiga clientes y convierta a los navegadores en compradores.

Lo mejor es que gracias a los constructores de tiendas, vender en línea nunca ha sido tan fácil. Atrás han quedado los días en que necesitaba un contrato de arrendamiento de tienda, un almacén y personal para construir un negocio. Hay muchas formas diferentes de vender en línea, pero nuestro principal consejo es usar creadores de tiendas en línea. Es más barato de lo que piensa.

ELIJA CÓMO VENDER EN LÍNEA

Puede vender en línea a través de diferentes canales, sin contratar un ejército de empleados. ¿Cómo? Los creadores de tiendas de comercio electrónico ofrecen aplicaciones que permiten integrar las ventas en línea con Amazon, Facebook, todo funciona. La vinculación de su tienda en línea a sus redes sociales o un mercado se puede hacer con el clic de un botón.

Esto significa que sus productos se pueden sincronizar con, por ejemplo, su página de Facebook. Entonces, cuando un cliente visite su página de Facebook, verá los productos que se enumeran en su tienda en línea. Actualice un producto en su tienda en línea, y el producto también se actualizará en su página de Facebook. Puede vender en línea en múltiples canales, pero administre su negocio desde un solo lugar.

Vamos a profundizar en cómo vender en línea dando más detalles.

VENDIENDO EN SU PROPIA TIENDA DE COMERCIO ELECTRÓNICO

Manejar su propia tienda es la mejor manera de vender en línea porque tiene el control total. Usted decide la apariencia de su tienda y cómo se presentan sus productos, además:

- No será vulnerable a factores externos, como sucede con las actualizaciones de algoritmos, y no tendrá que competir en un mercado abarrotado.
- Si quiere cambiar algo, puede hacerlo. No tiene que esperar a Amazon o Facebook.
- Una actualización de algoritmo significa que una plataforma como Facebook ha cambiado la forma en que decide qué páginas y qué contenido favorecer. En su página solo usted manda.

- Los creadores de tiendas en línea le permiten mostrar sus productos y procesar las ventas de una manera más rápida y fácil que nunca.
- Puede automatizar una gran cantidad de procesos, lo que le da más tiempo para centrarse en otras partes de su negocio.
- Además, su tienda de comercio electrónico puede, literalmente, estar «abierta» las 24 horas del día.
- Tener su propia tienda cuando vende en línea le da credibilidad. Mientras más razones brinde a sus clientes para que confíen en usted, es más probable que le compren.
- Tener su propia tienda online le hace lucir profesional.

Piénselo por un momento. ¿Es más probable que compre un par de zapatillas de deporte de un vendedor con solo una cuenta de Amazon o preferiría comprar a una empresa que tiene su propio sitio web de marca, integrado con las redes sociales y los mercados?

Hay dos grandes razones por las que las plataformas de comercio electrónico son la mejor manera de vender en línea: se puede ver qué quiso comprar el cliente, a continuación recuperar su carrito de compras y recordárselo con un mensaje a su correo; y lo otro es que hay una capacidad rápida de respuesta por parte del cliente.

Piense en la venta en línea como similar a la pesca. ¡La recuperación de carros abandonados es como tener una red especial que recoge cargas de los peces que se las han arreglado para salir de su primer arrastre!

Según la investigación, el 39% de los usuarios de Internet en EE. UU. han realizado un pedido en línea usando su teléfono móvil en el último mes.

Si desea saber cómo vender en línea con éxito, su tienda debe funcionar tan bien en dispositivos móviles como una computadora de escritorio o una computadora portátil.

Ahí es donde entran las plataformas de comercio electrónico: su tienda está diseñada automáticamente para funcionar bien en dispositivos móviles.

VENDIENDO EN MERCADOS: AMAZON, ETSY Y EBAY

Vender en un mercado como Amazon, Etsy o eBay es extremadamente popular. ¡Se estima que solo Amazon ahora tiene más de dos millones de vendedores! Y no es difícil ver por qué: la barrera de entrada para vender en un mercado en línea es muy baja. En términos simples, todo lo que necesita hacer es:

- Crea una cuenta.
- Listar un producto para la venta con una descripción, precio e imagen.
- Configurar un método de cumplimiento (cómo se entregará su producto).
- Aceptar el pago de un cliente.
- Preparar el artículo a enviar.

Realmente es así de sencillo. Lo difícil es, ¿cómo sobresalir de la multitud? ¿Por qué debería comprarle un comprador si su tienda parece casi idéntica a su competencia? Para tener éxito, necesita su propia tienda en línea para destacarse.

Aunque vender directamente en Amazon o eBay es mucho más fácil hoy en día, confiar solo en ellos puede ser un gran error. Por ejemplo, el algoritmo de búsqueda de Amazon siempre está cambiando, por lo que sus productos pueden aparecer un día y al día siguiente ya no. Siempre hay nuevos competidores que suben y bajan su precio para ganar clientes.

Si bien todos entendemos que una guerra de precios no es buena para nadie (es una carrera hacia el fondo y todos ganan menos), siempre hay alguien dispuesto a reducir su precio para ganarle al cliente.

Después de todo, no es fácil sobresalir en mercados como Facebook, Amazon o eBay. Así que para muchos compradores, usted es simplemente otro comerciante con el mismo producto. Y van a buscar el producto que sea más barato y que tenga comentarios decentes... y seamos sinceros, los comentarios pueden ser falsos.

Crear una marca para usted mismo puede ayudarle a construir un activo valioso.

Dicho esto, los mercados pueden ser efectivos si solo quieren vender una pequeña cantidad de productos. Esto se debe a que puede conectarse y comenzar a vender sin soporte, con costos iniciales mínimos y sin conocimientos previos.

Los mercados cobran tarifas de transacción, así que verifique antes de inscribirse. Estos pueden ser más pesados de lo que piensa; eBay, por ejemplo, se llevará el 10% de cualquier venta que haga.

VENDIENDO EN AMAZON

Al vender en Amazon, usted está tomando prestada su reputación, aunque sea un vendedor externo.

El mercado es muy popular entre las personas que venden productos electrónicos, libros y DVD. Pero aunque esté en un mercado, seguirá compitiendo con algunos de los minoristas más grandes del mundo: casi todos, desde Walmart hasta Costco, tendrán presencia en Amazon.

Puede ofrecer opciones de entrega que sean convenientes para sus clientes a un precio competitivo. Pague un poco más, y Amazon almacenará y entregará sus productos por usted. Esto lo convierte en una tienda de comercio electrónico única y muy atractiva para vendedores en línea que recién comienzan.

Las tarifas varían dependiendo de lo que está vendiendo y en qué cantidades, así que verifique las tarifas de Amazon antes de comenzar.

VENDIENDO EN ETSY

Etsy es un mercado utilizado principalmente por personas que venden artes y oficios. Es como un nicho de Amazon, que permite a los vendedores vender productos junto a emprendedores con ideas similares. Como resultado, la base de clientes está más enfocada.

Los honorarios de Etsy son un poco más bajos que los de Amazon, pero el listado y los aranceles de ventas finales aún pueden afectar sus ganancias si no tiene cuidado.

VENDIENDO EN EBAY

Esto es lo que hay que tener en cuenta: eBay es como un mercado de la vieja escuela: es un mundo de licitación.

Esto significa que los compradores no están obligados a pagarle en efectivo al instante, lo que puede hacer perder su tiempo y dificultar el cumplimiento de su estrategia comercial a corto plazo.

Usted puede casi vender cualquier cosa que quiera. Esto lo hace muy accesible, pero significa que es casi imposible construir una marca y destacar entre la multitud.

Las tarifas son sorprendentemente altas, por lo que si decide vender en eBay, asegúrese de tenerlo en cuenta al procesar los números.

VENDIENDO EN FACEBOOK

Junto con los mercados, las redes sociales son una forma popular de relacionar a usted y sus productos con los clientes. En esta sección nos hemos centrado en Facebook, la plataforma de redes sociales más grande del mundo, ¡con casi dos mil millones de usuarios activos!

- Para comenzar a vender en Facebook, debe crear una página de negocios y luego agregar un botón de «comprar».
- Aquí hay algunos consejos para tener éxito al vender en Facebook:
- Entretener: no solo publique su producto y espere una respuesta. Facebook es un lugar donde se pasa

rápidamente de una cosa a otra y la capacidad de atención de los clientes es corta. Experimente con videos, adivinanzas, preguntas e incluso bromas para captar y mantener la atención de su cliente.

- Ejecutar promociones: ofrecer un descuento exclusivo a cambio de un «me gusta» en su página es una excelente manera de aumentar la audiencia.
- Utilice imágenes de alta calidad: no subestime su página cargando imágenes de mala calidad o borrosas.
- Publique regularmente, pero no exagere. Generalmente, una o dos veces al día es un buen promedio. Experimente con diferentes momentos del día y vea qué es lo que más genera reacciones.

El problema de vender exclusivamente a través de Facebook es que debe administrar los pedidos manualmente, lo que puede llevar mucho tiempo.

CALCULE SU ESTRATEGIA DE VENTA EN LÍNEA

Una vez que haya decidido cómo vender en línea, es el momento de pensar en su estrategia comercial. No tiene que ser Warren Buffett, pero vale la pena tener un poco de preparación.

Sabemos por experiencia de primera mano lo difícil que puede ser conseguir que un negocio en línea despegue. Puede ocurrir que sea un largo viaje desde una gran idea hasta su primera venta.

Estas preguntas no son definitivas (a medida que comienza a vender, aprenderá más sobre cómo funciona su mercado), pero es un buen punto de partida. También le ayudará a elegir la mejor plataforma de comercio electrónico al hacerle pensar en lo que necesita su tienda en línea.

Tome papel y un bolígrafo y prepárese para comenzar a esbozar su estrategia de comercio electrónico en línea. Una estrategia de negocios viable no tiene que estar llena de gráficos complejos o pronósticos que solo un graduado de matemáticas de Harvard entendería.

Solo pregúntese:

¿Qué espero lograr? Piense en cuánto dinero espera ganar y cuántos productos espera vender en los primeros seis meses. Haga su investigación y realice una evaluación comparativa de las historias de éxito de comercio electrónico en su industria. No tener objetivos financieros sería como conducir por la carretera con los ojos vendados: ¡se perderá mucho y se encontrará en problemas rápidamente!

¿Quiénes son mis competidores? Cuando se trata de vender en línea, pararse sobre los hombros de gigantes ayuda a ver más. No hay vergüenza en aprender de los mejores. Realice una búsqueda en Amazon, Google y Facebook para los productos que desea vender y vea quién aparece en la parte superior.

Mire las descripciones de sus productos, las imágenes y el diseño de la página y haga una lista de las cosas que están haciendo bien. Registrarse en los boletines es una excelente manera de estar al tanto de cómo los rivales están valorando y promocionando productos. Piense en cómo puede hacerlo mejor: después de todo, está tratando de destacar entre la multitud, ¿no?

¿Cómo la gente está gastando su dinero en línea? Cuanto mejor conozca a sus clientes, mejor podrá satisfacer sus necesidades. Y cuanto mejor se ajuste a sus necesidades, más dinero ganará. Una gran parte de esto es dejar que los clientes paguen lo que quieren (más adelante tendrán que pagar más).

¿Cómo pueden los clientes encontrar su empresa y sus productos? Un sorprendente número de empresarios de comercio electrónico se olvidan de pensar en esto cuando aprenden a vender en línea. Una respuesta para atraer clientes sería a través de blogs sobre sus productos o enviando campañas por correo electrónico.

Responder a estas preguntas es un paso crucial para aprender a vender en línea con éxito. Le dará una idea concreta de lo que espera lograr y cómo puede lograrlo. Ahora es el momento de hablar de lo más importante: sus productos.

EL PRODUCTO

Averigüe la demanda de sus productos

Se trata de maximizar sus posibilidades de éxito. Use Google Trends: una gran herramienta para determinar qué productos están aumentando en popularidad y cuáles no. Los resultados se basan en la popularidad del término de búsqueda elegido en Google a lo largo del tiempo. Digamos que quiere vender ropa en línea, pero no está seguro de vender camisas con flores, pantalones cortos hawaianos o sudaderas retro. Puede teclear los tres tipos de ropa y ver cuál está creciendo en popularidad. ¡Establezca el país en el lugar donde espera que vivan sus clientes y listo! Asegúrese de buscar detalles. Por ejemplo, si los zapatos son especialmente populares en marzo, es posible que desee aumentar su comercialización en ese mes.

Llevar a cabo la investigación de palabras clave

Una vez que tenga una idea del producto, ingrésela en la herramienta de análisis de palabras clave de Google. Verá datos sobre cuántas personas buscan ese producto cada mes (popularidad) y cuán competitivas son las palabras clave (cuántas empresas están vendiendo el producto). Como regla general, evite vender cualquier producto con menos de 300 búsquedas mensuales. ¿De qué sirve anunciar un producto para el que no hay demanda? Quiere vender en línea para ganar dinero, ¿verdad?

Lea los foros en línea

Los foros y sitios de revisión le brindan una visión directa de los problemas que enfrentan los clientes. Es como sentarse en una habitación con millones de clientes y preguntarles qué piensan de ciertos productos. Seleccione cualquier queja que tengan los clientes y utilícelas para diseñar su elección de producto y estrategia comercial.

Aprenda de las grandes tiendas

Los grandes vendedores en línea recopilan una gran cantidad de datos todos los días. Saben mejor que nadie lo que está de moda y lo que no. Consulte las páginas de productos de los nombres más importantes de su sector para ver qué se está vendiendo en este momento. ¿Hay alguna tendencia que pueda usar? También use los datos de ventas propios de Amazon, Etsy y eBay consultando frecuentemente la página de «Mejores vendedores» de la industria en la que está trabajando. EBay incluso tiene una página de tendencias. Los anuncios en periódicos y revistas también son una buena forma de verificar qué productos respaldan las grandes tiendas en un mes determinado.

¿CÓMO PRESENTAR LOS PRODUCTOS PARA QUE SE VENDAN?

Es el momento de vender. Después de todo, incluso si la comida en un restaurante es deliciosa, es menos probable que la compre si el menú está mal escrito y las imágenes en la cartelera exterior parecen repugnantes, ¿verdad?

Entonces, piense, si decide vender productos en línea, ¿cómo los mostrará para que realmente se vendan? Las dos partes principales de cómo vender en línea con éxito son:

Imágenes del producto

Sus productos pueden ser excelentes, pero ¿cómo puede vender en línea con éxito si sus imágenes no les hacen justicia? Lo bueno es que no es necesario ser un fotógrafo profesional para generar excelentes imágenes a su tienda.

Solo siga estas reglas generales:

- Siempre use imágenes de alta calidad: si una foto se ve borrosa, perderá clientes.
- Utilice las mismas dimensiones de imagen.
- Ofrezca la mayor cantidad de visitas posible: cuanto más brinde a los clientes una vista de 360 grados de su producto, más cómodos se sentirán al comprarlo.
- Asegúrese de que cada variante del producto (por ejemplo, una camiseta de un color diferente) tenga su propia imagen.
- Dele contexto a sus clientes mostrando imágenes de su producto en uso siempre que sea posible.

Descripciones de productos

No estamos demasiado interesados en las descripciones de los productos de la etiqueta. Las palabras que agregue a su tienda deberían hacer mucho más que simplemente describir el producto. De hecho, son una de las formas más efectivas de atraer clientes.

La mayor razón para esto es SEO. La optimización del motor de búsqueda debe ser una de sus principales consideraciones al crear una descripción de producto ganadora. SEO es la técnica de aumentar el tráfico a su tienda a través de resultados de búsqueda orgánicos (la lista que aparece cuando escribe algo en Google). Para clasificar los términos de búsqueda relacionados con sus productos, sus descripciones deben incluir palabras clave, palabras populares que sus clientes buscan.

Digamos que usted está vendiendo camisas hawaianas florales. Su descripción podría decir: «Camisas hawaianas florales disponibles. Tenemos camisetas vintage baratas disponibles en una gama de tamaños y colores».

Al escribir una descripción, haga una lista de palabras clave relacionadas con su producto y asegúrese de incorporar al menos tres o cuatro.

Aquí hay algunos puntos clave que debe hacer y no hacer al escribir descripciones de productos:

- No copie y pegue la descripción del fabricante. Se ve como amateur y Google puede castigarle por el contenido duplicado.

- Resalte los beneficios del producto, así como las características, a su cliente. Por ejemplo, no solo describa una camisa rosa hawaiana (característica), explique cómo va a ayudar a su cliente a verse bien en la fiesta (beneficio).
- No use clichés.
- Escriba pensando en sus clientes. Hable a la manera del público por qué comprar. Con las palabras adecuadas, incluso puede vender hielo a los esquimales.
- No varíe su estilo de producto a producto. Esto creará confusión para sus clientes y hará que su tienda se vea torpe.
- Añada la prueba social. No hay mejor sello de aprobación que los clientes que han comprado su producto y están contentos con él. Asegúrese de que aparezcan buenas opiniones.
- No mienta. Esto puede parecer obvio, pero muchas personas cometen el error de vender sus productos mintiendo, lo cual afectará su reputación.
- Cuente la historia de su negocio. Si su negocio tiene una historia de fondo convincente, no tenga miedo de contarla.

LO QUE NECESITA PARA VENDER EN LÍNEA

Repase esta lista y pregúntese, ¿he resuelto esto? Si la respuesta es afirmativa, entonces sabe cómo vender en línea y está listo para ganar dinero. Por otro lado, si no ha abordado una de estas áreas, es muy importante que lo haga. Ponga una marca al lado de cada elemento que haya ordenado.

- Envío y cumplimiento: debe configurar un método de entrega para sus productos.

- Pago: debe agregar una opción de pago a su tienda.
- Servicio al cliente: asegúrese de que los compradores tengan al menos una forma de ponerse en contacto con usted.
- Licencias e impuestos: verifique y vuelva a verificar que tiene las licencias necesarias.
- Seguridad: asegúrese de que su tienda o página tenga la seguridad adecuada para que los datos de sus clientes estén protegidos.

CONSEGUIR CLIENTES Y HACER VENTAS

Es hora de atraer clientes. Le presentaremos algunos de los métodos más efectivos para comercializar su tienda. Estos son trucos que puede comenzar a usar ahora mismo. Son victorias fáciles que no le costarán un centavo.

No sienta que tiene que probar todas estas técnicas. Experimente y vea cuál funciona mejor para usted.

Medios de comunicación social

Una de las armas más importantes en su arsenal de marketing son las redes sociales. Tiene acceso a miles de millones de clientes potenciales a su alcance y puede jugar con los enlaces de publicación de los productos, promociones publicitarias y el intercambio de información sobre su marca en diferentes sitios.

Para empezar, recomendamos probar: Facebook; Instagram y Pinterest. Aproveche las tendencias relevantes al incluir hashtags en sus publicaciones. La buena noticia es que el costo de entrada es muy bajo en los sitios de redes sociales.

SEO

Todo el contenido de su tienda, desde las descripciones de los productos hasta las publicaciones del blog, debería ayudar a que su sitio tenga una mejor calificación en Google.

La clasificación más alta para sus términos de búsqueda relevantes en motores como Google, Yahoo y Bing es como tener un punto de referencia en todas las calles principales de su ciudad. Si logra aparecer en los primeros puestos del buscador, tendrá mayor oportunidad de que los clientes encuentren su negocio y sus productos.

Asegúrese de que el contenido de su tienda en línea se relacione directamente con su producto.

Blogging

Los blogs son una excelente manera de aumentar el SEO de su tienda y vender su marca al mismo tiempo. Digamos que tiene una tienda que vende un kit de deportes retro. Escriba una divertida publicación de blog sobre «la ropa deportiva de los 80 que todavía usamos hoy». La información aparecerá en las redes sociales y las personas que buscan «ropa deportiva de los 80» comenzarán a encontrar el negocio de usted en Google.

Algunos de esos lectores harán clic fuera de la publicación del blog en algunos de sus productos y comprarán.

La publicación periódica sobre su industria también lo posiciona como un líder de pensamiento, alguien a quien las personas buscan por sus consejos.

Tipos de publicaciones de blog para comenzar:

- Actualizaciones de la marca: compartir las noticias de la compañía detrás de la escena humaniza su marca y ayuda a los clientes a conectarse.
- Actualizaciones de productos: si tiene un producto nuevo y elegante, ¡grítelo! Aproveche la extensión de un blog para entrar en detalles sobre por qué su producto es excelente.
- Tutoriales: muestre cómo funciona su producto mediante la publicación de una guía de instrucciones. Nuestra marca de ropa deportiva de ejemplo podría publicar: «cómo encontrar los zapatos perfectos para correr».

Correo de propaganda

Llamado también email marketing, puede llegar a establecer una conexión muy personal con sus clientes. Si se hace bien, ellos sentirán como si estuvieran tratando con un vendedor personalizado, no con un mensaje automático.

Asegúrese de que su tienda, las redes sociales, o la página donde realiza sus ventas, capte las direcciones de los correos electrónicos de los visitantes de su tienda.

También capture el correo electrónico de cada cliente que realiza una compra. Esto le dará una gran oportunidad para redirigirlos sin que se den cuenta hacia nuevas ofertas o productos que cree que podría gustarles.

Consejo importante: si su correo electrónico promueve una venta o una oferta por tiempo limitado, haga que el mensaje sea breve Demasiadas palabras o imágenes pueden distraer su mensaje central. Asegúrese de que las líneas del mensaje sean pocas y que no se extiendan a lo ancho (menos de 50 caracteres en total).

Una cosa que vale la pena mencionar: las campañas de correo electrónico toman tiempo para administrarse y ejecutarse correctamente. Funcionan mejor para las tiendas que están en funcionamiento. Así que, si está empezando a vender en línea, ¡es una buena idea construir su audiencia con blogs, SEO y redes sociales primero!

Promociones

Realizar promociones y ofertas es una excelente manera de estimular el interés en sus productos. Puede ejecutar promociones en Amazon y Facebook o en su propia tienda en línea.

Capítulo 12
CORREO DIRECTO

Desde hace tiempo los publicistas discuten sobre la efectividad del correo directo en contraposición al marketing por correo electrónico. Los partidarios de los medios digitales se cuestionan: ¿por qué agotar nuestro presupuesto de marketing en campañas de correo directo que nadie lee cuando podemos ponernos en contacto con nuestros clientes utilizando los canales que ellos prefieren: televisión, redes sociales y dispositivos móviles?

Sin embargo, los últimos datos establecen que el correo directo impreso es difícil de evadir. Claro, las redes sociales y el marketing móvil están en aumento, pero eso no significa que los clientes no estén respondiendo al correo impreso, o que este canal esté perdiendo su efectividad. ¡Eso es simplemente falso!

La realidad es que el correo directo sigue siendo una parte importante en las ventas. Así que la próxima vez que alguien intente decirle que el correo directo está muerto, recuerde:

EL CORREO IMPRESO NO REQUIERE PERMISO DE DESTINATARIO

A diferencia del correo electrónico y la mensajería de texto, no tiene que obtener el permiso de un destinatario para enviarle correo impreso. Esto significa que, incluso si un cliente no se suscribe o se da de baja de su lista de correo electrónico, usted puede ponerse en contacto con él. (¡Es por eso que siempre es una buena idea obtener direcciones físicas de sus posibles clientes en sus listas de correo electrónico!).

El correo impreso nunca se queda en un filtro de spam. Sí, con el correo digital su mensaje puede ser visto por muchas personas, pero las posibilidades son pequeñas; en cambio, con el correo impreso los posibles clientes no tienen escapatoria. ¡No deje que se escurran de sus manos!

EL CORREO IMPRESO PERMANECE VIGENTE POR MÁS TIEMPO DE LO QUE CREE

El correo impreso es un poco como una nota en la puerta del refrigerador. A veces escucharemos a los clientes que nuestro correo permanece en su escritorio durante semanas, es posible que no le hagan caso de inmediato, pero nuestra marca perdurará en sus sitios físicos hasta que nos necesiten. Un correo electrónico no dura y es mucho menos llamativo. El correo directo se hace notar. Es como una persona obsesiva que siempre está ahí. Si nos necesitan, en lugar de teclear y buscar en Google, se acordarán de nosotros.

SIGUE SIENDO EFECTIVO AUNQUE EL DESTINATARIO SE VAYA

Si envía un correo electrónico a alguien que ya no está en una compañía en particular, rebota. Si envía una postal, la nueva persona que ocupa su puesto la verá. Ha ganado un posible cliente.

CON EL CORREO IMPRESO NO TIENE QUE LUCHAR PARA LLAMAR LA ATENCIÓN

El abrumador diluvio de correo electrónico en la oficina es un obstáculo para los comercializadores de correo electrónico. Es difícil distinguirse entre tantos, a diferencia del correo impreso, por lo que una gran parte de los correos electrónicos comerciales no se leen en absoluto. Por el contrario, las empresas reciben mucho menos marketing por correo impreso que hace diez años, ¡lo cual es una ventaja única para el correo impreso!

CIERTAS OFERTAS SIMPLEMENTE NO SERÁN ACEPTADAS POR CORREO ELECTRÓNICO

Existe una razón por la cual las empresas tienen más probabilidades de recibir ofertas de préstamos por correo impreso que de las que reciben por correo electrónico. Los tomadores de decisiones B2B (los peces gordos, los que compran en grande) confían en el correo impreso más que en el correo electrónico, especialmente para productos y servicios de alto valor. Los remitentes también pueden incluir una amplia variedad de contenido que no es posible (o razonable) incluir en el correo electrónico. Sí, con el correo electrónico puede proporcionar enlaces, pero con el correo impreso, pone ese contenido delante de ellos de una manera tangible desde el principio.

EL CORREO IMPRESO PUEDE LLEGAR A SU PÚBLICO OBJETIVO

Hay tantas cosas que puede hacer para que el correo electrónico se vea más importante, pero más allá de escribir una línea de asunto convincente, la mayoría de ellos parecen spam. El correo impreso ofrece opciones como kits y opciones de empaquetado únicas que, por su propia naturaleza, superan a los correos electrónicos.

Muchas empresas han usado todo, desde sobres metálicos, bolsas de comida, bolsas de empaque y recetas, hasta cartas por correo. Son divertidas y siempre dan ganas de leerlas. Aunque estos correos pueden resultar más costosos, pueden también atraer un montón de clientes.

EL CORREO IMPRESO IMPULSA LAS REDES SOCIALES Y EL MARKETING EN LÍNEA

Muchas personas creen que no necesitan correo impreso si tienen redes sociales y marketing en sus móviles, pero lo que no saben es que las redes sociales y las relaciones de marketing digital empiezan, a menudo, a través de la impresión. Decir que solo necesita hacer publicidad social y móvil es como decir que cuando compra una casa solo necesita los pisos superiores y no la base. Sin impresión, conseguir compromisos sociales y móviles es mucho más difícil.

No permita que los publicistas digitales se salgan con la suya con el robo de sus clientes basándose en falsos contrastes. Confíe en los beneficios del correo impreso frente al correo electrónico, y sepa cuándo usar cada uno. Sea proactivo y deje que el correo impreso haga su parte.

Capítulo 13
VENTAS PRESENCIALES

¿CÓMO FUNCIONAN LAS VENTAS CARA A CARA?

Muchas personas no quieren que los vendedores invadan su espacio privado, especialmente si no están preparados. Puede hacer que se sientan incómodos. Sin embargo, conocer gente cara a cara y convencerlos de que compren un producto o servicio, no es cosa imposible, puede hacerlo de manera positiva, amigable y verdaderamente útil. La venta presencial es una técnica altamente efectiva. Si puede hacer eso, ¡puede convertirse en un vendedor muy exitoso!

Este subsector se centra en la venta de persona a persona, en lugar de hacerlo a través de anuncios o por teléfono. Sin embargo, es probable que un vendedor, directo o presencial, a veces tenga que hacer llamadas para iniciar un contacto o tenga que usar el correo impreso para lograr situarse frente a posibles clientes.

CÓMO DEBE SER EL VENDEDOR
DE VENTA DIRECTA

Debe ser una persona que puede manejar el rechazo y puede utilizar sus excelentes habilidades de comunicación para transmitir su punto de vista. También deberá ser capaz de escuchar atentamente a los clientes potenciales y manejar sus objeciones o preguntas de una manera segura y detallada.

La naturaleza de la venta directa significa que los viajes son una necesidad absoluta; estos pueden darse dentro del área local, nacional o incluso internacional. Las habilidades de venta y persuasión directa necesitan su presencia física por lo que siempre tendrá que moverse.

Los vendedores tienen que ser capaces de ponerse frente a clientes potenciales. Por lo general, este tipo de actividad de ventas puede realizarse en los lugares de trabajo de los clientes (a menudo en forma de reuniones preestablecidas), puerta a puerta o en otros lugares públicos, como centros comerciales. Es probable que haya muchos rechazos en el camino, ya que obviamente no todos querrán su servicio o producto aunque sea increíble o maravillosamente útil.

Es importante que el vendedor pueda expresar su punto de vista de la manera más simple y rápida posible. Un buen vendedor podrá relajar a los clientes potenciales, crear interés en un producto o servicio y escuchar sus inquietudes y reservas. Necesitará ser bueno con la gente y estar bien presentado, ya que las primeras impresiones hacen mucho.

La mayoría de los trabajos de ventas directas, presenciales y de campo tienden a estar basados en comisiones. El pago relacionado con el rendimiento puede ser muy lucrativo, pero a veces desaniman los pagos «solo por comisión».

QUÉ HACER Y QUÉ NO HACER CON LAS VENTAS CARA A CARA

¿Cómo responden los posibles clientes a su discurso de ventas? Si no está obteniendo los resultados que desea, podría ser el momento de revisar su enfoque de ventas cara a cara.

Los clientes dicen...

- Si un hombre y una mujer compran juntos, no asuma que el hombre será el que tomará todas las decisiones y dirija todo su lanzamiento de ventas hacia él, o al revés.
- Cuando le pido que me cuente más sobre su producto, no me dé un código QR en silencio.
- Aprecio que le guste precalificar sus oportunidades de ventas, pero la forma adecuada de iniciar una conversación nunca es: «nuestros productos van en una escala de $ 5,000 a más, y no creo que pueda permitirse eso».
- Si su oferta de productos tiene problemas de seguridad y calidad que son bien conocidos en el mercado, comenzar su discurso de ventas con «es como la compañía XYZ (líder del mercado), pero más segura», es una manera segura de arruinar su credibilidad.
- Si le digo que prefiero que alguien instale su producto por mí en lugar de hacerlo yo mismo, no responda con «Oh, no, hágalo usted mismo, es muy fácil». Puede ser fácil para usted, pero no para mí.

Lo que hay que hacer...

- Tratar a las personas como seres humanos en lugar de billetes andantes.
- Estrechar las manos de una manera que implica que el posible cliente está conociendo a alguien con quien se puede formar una relación a largo plazo.
- Pasar un tiempo preguntando sobre el negocio del posible cliente antes de comenzar a vender sus productos y servicios.
- Puntos de bonificación si se muestra interés genuino en el negocio o necesidad del cliente, deseo de ayudar, y si logra hacer reír al cliente sinceramente.

CÓMO ATENDER AL CLIENTE EN UN LOCAL

- Cuando alguien entra en su tienda o compañía, acérquese de inmediato y póngase a la disposición de él o ella.
- Incluso si le dice que no quiere comprar nada, hágale saber los precios, las ofertas y las posibles formas de pago.
- Tome la iniciativa buscando a los vendedores y trate de venderles cualquier cosa para enseñarles el proceso.
- No juzgue a las personas por su apariencia, ya que cualquiera puede comprar muchos productos.
- Nadie quiere esperar a pagar durante mucho tiempo. Si no acelera el proceso, puede perder muchas posibilidades.
- Intente que sus clientes se sientan únicos y cercanos a usted para que regresen y le entreguen su dinero una vez más.
- A todos les gusta recibir un buen servicio. Capacite a sus vendedores.
- Si ya logró vender un producto a alguien, es posible que tenga más oportunidades de venderle otra cosa. Intente siempre sugerir un producto especial.
- No hay clientes sin dinero, hay compradores desanimados.
- Lo más importante en el mundo de las ventas es la calidad. Siempre elíjala antes que los precios bajos.

LA TÉCNICA DEL ELEVADOR

La técnica de la venta en el elevador es una técnica antigua que prueba que a veces menos es mucho más. Al utilizar esta técnica, es más probable que se comunique de manera integral y se asegure de que su argumento de venta atraiga la atención. A pesar de que en una transacción de ventas, la comunicación es clave, la mayoría de las veces podemos hablar en exceso, vender en exceso y hacer que los posibles clientes pierdan el interés.

El concepto de esta técnica es imaginar que únicamente cuenta con el tiempo que le toma viajar en un ascensor con su posible comprador, así que tiene solo unos minutos para presentarse y venderse a sí mismo y a su producto o servicio. A continuación describimos cómo usar esta técnica:

Abra su discurso de ventas con confianza

Mírese a sí mismo. ¿Se está comunicando con confianza? Cuidado con usar palabras automáticas. Recuerde, solo el 7% de la comunicación es verbal, el otro 93% depende de su lenguaje corporal. Practique el lenguaje corporal abierto, el contacto visual y la sonrisa.

¿Por qué debería escucharle el comprador potencial? Hable de su experiencia si es necesario, establezca una relación con el comprador y, al mismo tiempo, sea profesional.

Sea breve y puntual

No se pierda en divagaciones y tampoco pierda su punto, elija 3 razones por las que cree que este producto / servicio es brillante. Colóquelos en su discurso de forma natural y expóngalos al comprador. Conecte los beneficios de lo que ofrece con los intereses de la persona.

Llamado a la acción

El elevador avanza naturalmente hacia la parte cuestionadora de la transacción. Ahora está un paso más cerca de hacer esa venta.

Qué decir en el ascensor imaginario

Si bien el tiempo límite de un ascensor suena bien, no puede simplemente decir «Yo hago X» y dejarlo así.

Terribles ejemplos de un lanzamiento de ascensor

- «Soy un escritor independiente, un contador o...», y la lista continúa. No hay intriga en eso, y no hay necesidad de hacer preguntas. La gente asumirá con alegría lo que hace, decidirá que no lo necesita y seguirá adelante.
- Estoy buscando gente que quiera lo que estoy vendiendo. ¿Quién? ¿Qué gente? ¿Quién es su mercado objetivo? Sea específico.
- El mensaje de «se trata de mí y de lo que quiero venderte» no es el adecuado y se prolongará durante media hora. No haga eso. Sí, desea vender su negocio, pero necesita venderse primero mediante la construcción de relaciones genuinas y escuchando al menos tanto como habla.

Entonces, ¿cómo consigue la presentación correcta?

1. Antes de escribir una palabra, identifique el objetivo para su audiencia ideal. Ahora sabe lo que quiere lograr y a quién busca. Marketing para todos nunca es una buena idea. Ningún negocio por ahí tiene un mercado objetivo de «todos».
2. Explique claramente lo que hace, pero lo que es más importante, responda al cliente su pregunta de «¿qué hay para mí?» y brinde a su audiencia una razón para estar intrigado.
3. Haga una pregunta al final, para atraer a su oyente y comenzar la conversación.
4. Consejo importante: no se centre tanto en usted, no se olvide de escuchar a la otra persona.

ESTRUCTURA DEL SPEECH DE VENTAS

Siga esta estructura para fabricar sus discursos (speechs) de ventas:

Carácter: ¿Quiénes son mis clientes y qué hacen? (Ejemplo: contadores que trabajan en América Latina).

Problema: ¿Qué problema tienen ahora? (Ejemplo: siempre están ocupados y las hojas de cálculo de Excel para informes son difíciles de administrar).

Plan: ¿Cómo les ayuda mi producto o servicio? (Ejemplo: mi empresa ha diseñado una plataforma de visualización de datos que es fácil de configurar y automatiza el trabajo ocupado).

Éxito: ¿Qué ganará el cliente? (Ejemplo: pueden pasar más tiempo con su familia / más tiempo con clientes importantes y menos tiempo trabajando en informes).

Speech
Si tiene dificultades con esta técnica, intente trabajar siguiendo esta plantilla:

Resuelvo el problema de _____ para el mercado objetivo de _____, por _____, lo que aporta _____ (beneficio). A diferencia de nuestros competidores, _____ (inserte competencia), nosotros _____ (nuevamente el beneficio) porque _____ (agregue qué ventaja le da a su cliente). Entonces, ¿_____ (venta)?

Obviamente, una vez que haya leído este speech en voz alta, querrá volver a redactarlo para que parezca natural, y esté escrito de acuerdo a su personalidad. De esta manera, cuando lo diga sonará de modo genuino, y no se tropezará con sus palabras.

Dónde, cómo y cuándo

Cuando lea su discurso escrito por primera vez, se dará cuenta de que parece una afirmación muy larga, que el tono no suena natural. Sin mencionar la posibilidad de que si no lo ha dicho antes, olvidará fácilmente parte de él y perderá el flujo de lo que está diciendo. La solución para todas estas preocupaciones es la práctica. Siga estos consejos:

- Pase tiempo leyendo y releyendo su speech hasta que esté contento con este, y se sienta seguro de lo que dice y necesita decir. Asegúrese de que esté escrito de la manera en que naturalmente habla usted.
- Luego léalo hasta que esté seguro de que puede recordarlo todo.
- Párese frente al espejo y practique repitiendo el truco del elevador una y otra vez. Puede que se sienta tonto al principio, pero comenzará a sentirse más seguro cuando se encuentre con un posible cliente frente a frente.
- Piense en cómo hacer su lanzamiento. ¿Cómo puede transmitir su speech para que parezca apasionado y comprometido? No debe parecer que lo está diciendo de memoria o que lo está leyendo en el dorso de la mano. Si no parece estar interesado en lo que está diciendo, tampoco puede esperar que su audiencia se sienta interesada.
- Use canales virtuales para practicar en un entorno realista y recibir comentarios instantáneos sobre su discurso.

- Cuando esté seguro de que tiene el speech correcto, atienda su lenguaje corporal. Si está todo encorvado, o rígido y tenso, no dará una buena imagen ante el público y parecerá poco seguro.
- Relaje las rodillas y los hombros, párese con los pies separados al ancho de los hombros.
- Piense en su voz. ¿Se presenta como seguro y poderoso, o tembloroso y nervioso? Grábese para que analice cómo suena. Luego intente respirar más profundo y hable desde su diafragma, para que suene más confiado.
- Una vez que esté satisfecho con lo básico, reúna a algunos colegas o amigos y practique su discurso frente a ellos. Así se acostumbrará a decirlo a otras personas, y sus amigos le darán comentarios sobre qué funciona y qué no.
- El siguiente paso es trabajar en responder cualquier pregunta que su audiencia pueda tener una vez que haya terminado su presentación. Escriba lo que podrían preguntarle y pídales a sus colegas que también piensen en otras preguntas, luego practique respondiendo esas preguntas con sus colegas o amigos hasta que esté completamente seguro.
- Para lo que sea que use esta estrategia, establezca claramente los beneficios para su audiencia, y practíquelo tanto que lo pueda decir sin problemas.

Ahora debería poder iniciar conversaciones con la gente más fácilmente y obtener mejores resultados en su red de prospectos.

TERCERA PARTE

CÓMO ATRAPAR
PECES GORDOS

Capítulo 14
MARKETING B2B Y B2C: ¿CUÁL ES LA DIFERENCIA?

Una diferencia obvia entre las dos categorías de marketing es la escala. Cuando usted es un comercializador B2C, representa los esfuerzos de sus negocios para vender a individuos. Desea contactarlos uno por uno, vender uno a uno determinados artículos.

Los comercializadores B2B, en cambio, pueden vender montones de sus bienes o servicios a la vez. Ellos venden, y por lo tanto comercializan a granel.

Por ejemplo, como consumidor, una persona compra una lechuga o un paquete de zanahorias cuando va a la tienda de comestibles. Un restaurante, en cambio, compra cajas de lechuga y zanahorias en una sola transacción. Estos últimos son los peces gordos.

Atrapar peces gordos significa vender sus productos o servicios a empresas o negocios que compran en grandes cantidades (clientes B2B).

FASES DE UNA VENTA (EMBUDO DE VENTAS)

1.   Identifique sus metas
¿Cuántos clientes necesita usted o su empresa y en qué plazo?

¿os clientes potenciales necesita para cerrar determinado número de clientes? ¿Cuántas conexiones necesita para generar tantas oportunidades? Y así. Multiplique el objetivo de su cliente por el precio de venta promedio del producto de su compañía para obtener la cantidad de ingresos que debe alcanzar.

Si trabaja para una organización o empresa, asegúrese de establecer objetivos de ventas personales. Siempre se puede saber cuando un vendedor está en el 2% superior de su organización. Llaman la atención, trabajan en su oficio, proporcionan una experiencia grata y obtienen la victoria. Estos comportamientos y acciones suelen preceder a los resultados.

Busque estar en el 2% superior de su organización. No sucederá mañana, y no será fácil, pero siempre luchará por la cima.

2. Reconozca que las ventas tienen un proceso

Las ventas no son un arte. Las ventas son una ciencia y una tecnología. Las ventas están cambiando rápidamente, pero algunas cosas serán siempre las mismas. Sin embargo, la forma en que su empresa se mueve a través del embudo será única (sus etapas de venta serán únicas). Si trata todos los procesos de ventas de la misma manera, fácilmente podría perderse algo. Comprenda que cada negocio tiene su propio libro de jugadas por una razón. Entonces, antes de hablar por teléfono con un prospecto, siéntese con sus gerentes para entender completamente el proceso de su compañía (en caso de que usted trabaje para alguien).

Esto incluirá aprender cómo posicionar su producto, obtener estrategias para hablar con prospectos, comprender sus propuestas de valor clave y descubrir cómo se ve su cliente ideal, solo para mencionar algunos factores de cualquier proceso de ventas exitoso.

3. Identifique debilidades en los negocios o empresas a las que quiere vender

Debe ser capaz de identificar lo que tortura a los negocios de sus clientes potenciales; pero, ojo, distinga debilidades que no tengan que ver con los defectos de la producción de la fábrica o servicio; es decir, en algo por lo cual usted no puede hacer nada.

Un verdadero problema empresarial se discute todos los días en la oficina ejecutiva y en la sala de juntas. Alguien probablemente ha reservado presupuesto para resolverlo. Si es un factor crítico para el éxito de un negocio, ha descubierto una verdadera debilidad empresarial. Allí puede entrar usted.

Como representante de ventas, debe generar confianza en sus prospectos. Los compradores necesitan la confianza de que usted comprende su problema y tiene los recursos para resolverlo. Pero su relación no termina después de la venta: está éticamente obligado a cumplir su promesa. Prepare a sus prospectos para la transición a su producto y bríndeles toda la ayuda que necesitan, así tendrá un cliente feliz en sus manos.

4. Mida cada paso

Cualquier cosa que valga la pena hacer, vale la pena medirla, y cualquier cosa que se pueda medir puede mejorarse.

¿Recuerda cuando fijó sus metas? Obsesiónese con medir su desempeño en relación a esas metas. Al ritmo que está vendiendo hoy, ¿alcanzará sus números a fin de mes? ¿Sus estrategias de cierre están convirtiendo a los prospectos en clientes? Si no es así, cambie algo.

No espere hasta que sea demasiado tarde para alcanzar sus números este mes. Si mide todo lo que hace, podrá resolver los problemas a medida que surjan.

Una simple búsqueda en Google de un área en la que está luchando arrojará una gran cantidad de material que puede ayudarle. No encuentre «peros». Sus gerentes también estarán encantados de ayudarle, especialmente si está solicitando asistencia antes de que sea demasiado tarde.

5.   Venda a las personas adecuadas

No pase mucho tiempo contactando a personas que no querían hablar con usted. Aprenda a saber quiénes podrían escucharle. Ese es el poder del marketing entrante. Al crear o curar contenido útil y de alta calidad y dejar que los prospectos se acerquen a usted, ahorrará tiempo y aumentará la probabilidad de cerrar ventas.

6.   Realice revisiones de llamadas

Si trabaja para alguien, su gerente de equipo probablemente ya realiza revisiones de llamadas programadas regularmente, pero a veces eso no es suficiente.

Identifique a los vendedores dentro de su organización que sobresalen en cosas diferentes. ¿Conoce a un representante de ventas como usted que sea bueno para cerrar prospectos difíciles? Siéntese junto a él cuando llame y pídale que revise su caso con un prospecto difícil que puede que termine comprando.

Examine las diferencias en sus llamadas y reuniones, y obtenga información detallada sobre cómo mejorar en cada parte.

Capítulo 15
CÓMO VENDER A GRANDES COMPAÑÍAS

Para las pequeñas empresas, vender a grandes empresas es clave para aumentar los ingresos y elevar la marca. Aprenda cómo mejorar su técnica de ventas y acercarse a los grandes clientes con confianza.

Como pequeña empresa, usted está buscando la oportunidad para expandirse y crecer al incluir corporaciones empresariales en su cartera de ventas. Además de que dichos contratos son más lucrativos, la búsqueda de relaciones con compañías más grandes significa que usted:

- Hará nuevos contactos y oportunidades de redes altamente útiles.
- Recopilará recomendaciones y testimonios de aquellos que tienen mucha influencia dentro de la industria a la que se dirige.
- Será capaz de desarrollar estudios de casos en profundidad para sus esfuerzos de marketing.
- Mejorará su credibilidad y confianza, tanto a sus propios ojos como a los ojos de los prospectos.
- Cultivar tales relaciones y hacer las ventas que desea, especialmente cuando es un pez pequeño en un estanque grande, puede ser difícil; de hecho, hay muchos que

prefieren ir tras oportunidades más pequeñas en lugar de gastar grandes esfuerzos cortejando a una gran corporación. Sin embargo, esa no es una propuesta imposible, y usted aprenderá las formas en que puede establecer un trato y mejorar el futuro de su negocio atrapando peces gordos.

Capítulo 16
VENDER A LOS PECES GORDOS

Los prospectos B2B (peces gordos, empresas grandes) no hacen sus compras por decisión de una sola persona. Las empresas B2B requieren planificación e involucran a mucha más gente para realizar una compra. Las ventas de servicios B2B generalmente siguen un embudo de ventas que requiere una planificación, compromiso y cierre adecuado.

Veamos cómo es el embudo de ventas (o etapas de venta) B2B a continuación:

1. INVESTIGACIÓN Y CONTACTO

La primera etapa del proceso de ventas B2B es averiguar quiénes son sus clientes objetivo y crear un perfil de compradores en el que pueda comenzar a enfocarse.

Al principio, esto parecerá difícil y pasará mucho tiempo tratando de encontrar a las personas adecuadas para capturar. La mejor forma para comenzar es buscar a sus peces gordos en línea, es decir, debe buscar empresas que crea que pueden usar su producto o servicio. Una vez que encuentre el grupo objetivo, puede crear un perfil de su cliente ideal.

Recopile un grupo de personas basándose en la información demográfica de sus negocios ideales (qué empresa de qué lugar quisiera que le compre). Diseñe a sus clientes objetivo basándose en fechas de fundación de la empresa, finanzas, cultura, puntos débiles (o problemas) y tipo de negocio.

Con el tiempo, refinará rápidamente sus métodos de investigación y las cosas se harán más claras en cuanto a quién es su cliente ideal y dónde puede encontrarlos.

Más investigación
Una vez que determine a quién quiere llegar, ¡necesita profundizar más! Tiene que averiguar sobre las empresas a las que quiere vender. Cuanto más sepa acerca de su cliente potencial, estará en mejores condiciones para poder hablar de sus necesidades, intereses y pasiones. Realizar una investigación exhaustiva antes del juego le ayudará a mover mejor a los clientes como fichas hacia donde usted quiera.

Una vez que haya investigado completamente y tenga un perfil sólido creado para ellos, contáctelos. Ya sea por correo electrónico, eventos o llamadas, asegúrese de crear una excelente primera impresión centrándose en sus necesidades y luego dando seguimiento no solo a su negocio, sino también a las soluciones que usted le puede dar.

Referencias
Las referencias probablemente representan el 50% del éxito para atrapar a los peces gordos.

Los clientes que acuden a usted por recomendación de un cliente existente a través del boca a boca son mucho más propensos a convertirse en un nuevo cliente y tienen menos probabilidades de ejercer presión para negociar el precio que usted estipula. ¡La prueba social es una poderosa fuente de negocios en estos días!

Si otra persona aprueba su empresa como una empresa de calidad con la cual se puede trabajar, ya tiene las puertas abiertas para ejercer una poderosa venta.

¿Por qué centrarse en las conexiones de personas desconocidas cuando puede centrarse en conectarse con amistades de negocios?

Las referencias son tan importantes como los clientes que encontró por su cuenta. No es solo un nuevo negocio, es una pieza de cultivo para otros contactos. Si habla de las referencias de manera positiva, creará una experiencia positiva, el nuevo contacto comprará, y a su vez lo remitirá nuevamente a más clientes futuros.

2. CALIFICACIÓN

Bien, entonces ha investigado, se ha reunido y hablado con los clientes potenciales. ¡Ahora es el momento de ver si son buenos clasificados! Para calificar o confirmar adecuadamente que existe la oportunidad de realizar una venta B2B o de pez gordo, debe responder a las siguientes preguntas:

- ¿La empresa a la que se dirige tiene un presupuesto para sus servicios o productos?
- ¿Está hablando con alguien que tiene el poder adquisitivo para hacer el negocio? Si no es así, ¿qué preguntas puede hacer ahora para ahorrar tiempo?

113

- ¿Necesitan sus productos y servicios?
- ¿Están buscando comprar sus productos o servicios actualmente o en alguna fecha cercana?
- Si responde estas preguntas, sabrá cómo funcionará y se desarrollará su relación en los próximos meses.

¿Ya están a punto de comprar, o necesita motivar más a la gente que trabaja para el pez gordo?

La calificación es un paso importante en el proceso de ventas porque le ayuda a clasificar a los clientes potenciales según la probabilidad de compras, también permite analizar cómo sus esfuerzos y tiempo pueden atraparlos a su red.

Asegúrese de tener un buen sistema para rastrear la información de sus contactos y su ubicación en el proceso del embudo de ventas. ¡Tomar nota es importante! No querrá perderse una venta solo porque perdió la pista de dónde se encuentran sus clientes en el proceso de ventas o si se olvidó de hacer un seguimiento de ellos.

3. PITCHES DE REUNIONES Y VENTAS

Reunirse con los clientes en persona es la mejor opción posible cuando desee vender sus servicios o productos a esos peces gordos. Cuando sea posible, intente evitar vender el producto por teléfono, ya que de esa manera no puede presentar sus servicios maniobrando sus talentos y su maña.

Cuando tenga la oportunidad de reunirse con un cliente potencial, no pierda el tiempo. Asegúrese de aprovechar al máximo la oportunidad de estar frente a ellos, así que combine varias solicitudes, cree una lista de temas para hablar con ellos, y piense en cómo quiere que dichos temas o puntos los atrapen antes de tiempo.

La clave para una reunión exitosa es pre-ejecutarla en su cabeza y hacer una nota mental sobre a dónde quiere que vaya la conversación.

Lo que debe contener un punto de venta B2B

Un buen lanzamiento de ventas B2B debería contar una historia y compartir soluciones. Las cosas clave que necesita presentar a sus clientes potenciales son:

- Quién es usted (muéstrese como un líder de alto nivel para su negocio en el cierre de reuniones).
- Su negocio, misión e historia.
- Propuestas de valor para ellos.

Después de presentar estas cosas de manera clara, rápida e informativa, es importante que repase los puntos para asegurarse de que la idea queda clara y para comprometer al pez gordo o a la gente de este.

Recuerde estos pasos:

- Preséntese a sí mismo y a su negocio.
- Hable sobre lo que entiende de la empresa del pez gordo y explique en qué puede ayudar (refiriéndose a las debilidades de la empresa).
- Explique los impactos negativos de las debilidaes y presente sus soluciones por adelantado.
- Establezca precios, esclarezca amablemente el valor y el tiempo ahorrado que brindan sus soluciones.

- Muestre a su competencia en otro plano y aclare cómo difiere de esta.

Al crear un plan previo de la conversación y el tono, puede comunicar sus pensamientos y vender beneficios de manera efectiva, en lugar de solo hablar para apresurarse al cierre. Usar comunicación digital en esta venta también es importante, por lo que si tiene un Ipad para expresar el contenido de su industria será genial. Si puede enviar una presentación con anticipación para que la revisen, también es una excelente opción.

4. PROPUESTAS Y CLAUSURA

Bien, entonces la reunión fue bien y es hora de que usted realice un seguimiento con una propuesta por escrito y un plan de precios adaptado a sus necesidades. Dejar una propuesta y negociar el costo es una gran habilidad porque necesita equilibrar la promoción, tener en cuenta el estado económico o de disposición del pez gordo. Va a hablar de dinero.

Cuando su cliente potencial quiera discutir su propuesta en mayor profundidad, asegúrese de echar un vistazo a las siguientes cosas para aprovechar al máximo el diálogo:

¡Cuidado con desatender el lenguaje corporal! El lenguaje corporal le ayudará a comprender los verdaderos sentimientos de sus clientes potenciales sobre los precios y el interés por la oferta que usted hace.

Sea ordenado en el proceso de ventas: el proceso de ventas B2B (de peces gordos) le ayuda a comprender las necesidades de sus clientes y dónde se encuentran en el proceso de ventas. Si solo se ha reunido con ellos una vez, puede que no sea apropiado presentar una propuesta.

Sea honesto y abierto y genere confianza: si usted es honesto y abierto, es mucho más probable que su cliente corresponda. Si hay confianza mutua, no habrá necesidad de juegos, sabrá dónde están parados.

No tema el silencio: cuando solicite la venta, asegúrese de mantener el silencio y de sentirse bien con una pausa para su respuesta. Estos son momentos importantes en sus reacciones, así que tenga paciencia para que pueda expresar correctamente sus estrategias. La tentación es hablar, pero no socave su posición tratando de llenar el espacio de la inseguridad.

5. CERRAR EL TRATO

¡Genial! ¡Ha hecho todo el trabajo duro de construir una relación significativa y basada en resultados con su cliente potencial, felicidades! Recuerde que en estas etapas finales, usted está vendiendo valor, no un precio. Siempre recuérdeles el valor que están obteniendo de su compra (beneficios).

Al querer cerrar un trato, asegúrese de estar haciendo un seguimiento de sus solicitudes de información, de estar preparado y de respetar todas sus necesidades. La mayoría de los clientes le pedirán algo. Haga su mejor esfuerzo para complacerlos. Ahora que entendemos los conceptos básicos sobre cómo capturar y vender a los peces gordos, veamos formas de abordar esta teoría y usarla en la vida real.

Capítulo 17
CÓMO TENER ÉXITO
CON LOS PECES GORDOS

Cuando se trata de ventas B2B (ventas a una empresa), los clientes dicen que les importa más el producto y el precio, pero realmente quieren una gran experiencia de ventas. Para los representantes de ventas, eso significa que no se trata solo de avanzar con las etapas de ventas, sino que se trata de la relación del cliente con usted como representante de su negocio. Pregúntese:

- ¿Cómo estoy expresando la marca y la cultura a través de mis interacciones con esta persona?
- ¿Cómo son mis esfuerzos de cultivación con los clientes? ¿Estoy informándoles y atendiendo sus necesidades?
- ¿Cómo puedo crear puntos de contacto pequeños y significativos que nos diferencien de nuestros competidores?
- ¿Cómo son mis preguntas y conversaciones con los clientes? ¿Son empáticas, conectadas y expresivas hacia sus puntos débiles o problemáticos?
- ¿Cómo puedo crear puntos de contacto continuos para los clientes después de la venta? ¿Cómo son mis métodos de seguimiento? ¿Cómo hago sentir a mi cliente?

Con esas cosas en mente, echemos un vistazo a las tácticas que puede utilizar para mejorar sus relaciones con los clientes grandes y, por lo tanto, ¡retener y mejorar su número de ventas!

1. HAGA UN PLAN DE JUEGO

Como cualquier plan de marketing, necesita un plan de acción con cada cliente potencial. Deberá responder las siguientes preguntas con cada cliente:

- Metas: ¿Qué metas medibles puede hacer? ¿Qué quiere lograr?
- Planes: ¿Qué estrategias podemos tomar para alcanzar los objetivos establecidos con el cliente?
- Desafíos: ¿Cuáles son los desafíos que tenemos?
- Tiempo: ¿Cuál es nuestra línea de tiempo para el cliente? ¿Tienen una línea de tiempo necesaria para las soluciones?
- Presupuesto: ¿Cuál es el presupuesto para que el cliente obtenga nuestras soluciones?
- Necesidad: ¿Cuáles son los puntos críticos que deben abordarse específicamente?

Al tener un plan para el cliente, puede trabajar efectivamente con ellos a través del embudo de ventas de una manera significativa sin parecer apresurado o ingenuo.

2. SER AGRADABLE

Los mejores vendedores son los que hacen que sus clientes se sientan como una familia, ¡así que no sea un robot transaccional! Las ventas no se tratan de usted, se trata de ellos, de sus clientes.

A veces, cuando vendemos cosas, utilizamos nuestra propia jerga empresarial, acrónimos y frases que los clientes no se preocupan en querrán adaptar. Si usa un lenguaje que no tiene que ver con su pez gordo, este no tendrá contexto para algún término y por lo tanto creará un espacio en la conversación terminando por desconectarse.

Haga que sus experiencias con su negocio sean agradables y fáciles de relacionar más allá de simplemente construir una relación personal con ellos. Haga que la jerga sea fácil de entender y satisfacer sus necesidades. Hable como el pez gordo.

La gente quiere relacionarse con usted. Tiene que mostrarle que está interesado en su negocio, en lo que quiere lograr, en su vida, en lo que los vuelve locos como empresa para tratar de ayudarlos con eso.

En el mundo moderno de hoy, las personas amamos la facilidad digital, pero ansiamos la conexión personal. Para atrapar peces gordotes tiene que crear diálogos significativos, establecer relaciones y ayudarlos a resolver problemas. Interesan ellos, nadie le quiere hacer caridad a usted.

¡Lo que su cliente potencial está buscando es alguien que le ayude, no alguien que sea el mejor en recitar un discurso de ascensor, enviar correos electrónicos genéricos y tener conversaciones que estén enfocadas en los negocios sin detalles personales!

3. VENDER SIN VENDER

¡No sea el telefonista, vendedor de puerta a puerta o el vendedor de quiosco que la gente odia! ¡Venda sin mostrar su ansiedad por vender!

Los vendedores más exitosos en estos días tienen un enfoque mucho más consultivo. Enseñar es la nueva forma de vender. Usted lo ve en videos explicativos interactivos, páginas web y cursos gratuitos, ¡y son efectivos!

Cuando se reúna con clientes potenciales, escuche activamente lo que dicen para que usted se presente como el héroe que puede ser la respuesta a sus problemas. Busque oportunidades de enseñanza que puedan ayudar a educarlos en las ventas. La enseñanza ayuda a los clientes potenciales a educarse más para tomar decisiones mejor informadas.

Cuando un cliente aprende algo nuevo que lo ayudará, el poder psicológico de la reciprocidad ayuda a construir la lealtad. Cuando enseñe, evite hablar sobre su propio producto o servicio, ¡ya que eliminará la verdadera creación de una relación! Sea astuto con sus ventas y menos obvio, concéntrese en las necesidades del cliente y sus soluciones, no en las ventas de los productos.

4. RESOLVIENDO EL ENIGMA DEL CONTACTO

Lograr el interés adecuado para contactar a los clientes requiere comprender sus necesidades. También es importante que entienda su estilo de comunicación y cómo desean que se les contacte: teléfono, correo electrónico, en persona y sus preferencias de contenido: papel o digital. (Sí, hay un montón de personas que todavía quieren que recibir paquetes físicos con el correo).

Debe haber una estrategia clara para llegar a los clientes en función de las necesidades, con horarios que sean los mismos.

Los tomadores de decisiones para las empresas son personas ocupadas y constantemente están siendo acosados por personas que desean su dinero y tiempo. Reconozca esto y asegúrese de disminuir las interacciones, pero haga que cada una de ellas sea significativa y productiva. No sea solo otra reunión para el olvido.

5. CREAR UNA MENTALIDAD MEJOR

Si usted es un vendedor, es fácil estar envuelto en los números y las ventas. Detenga la mentalidad y el impulso por las ventas. Esto no lo ayuda y los clientes se comportarán de manera incorrecta ante esta actitud.

Nadie quiere ser presionado para comprar algo. ¿A quién le gusta la presión social? Hacer que las personas sientan que tienen que tomar una decisión instantánea solo les molestará. ¡No son un número, son personas con necesidades, pasiones y puntos de dolor que necesitan ayuda! ¡Trátelas de esa manera!

La forma de evitar esto es pensar cómo va a calificar su enfoque de ventas. Su meta es descubrir cuál es su objetivo y cómo su producto resuelve los problemas del pez gordo. Cuando mantiene conversaciones con este enfoque, su actitud se vuelve mucho más genuina y, por lo tanto, la gente querrá trabajar con usted.

¡Las mentalidades y actitudes cambian todo!

6. HAGA PREGUNTAS SIGNIFICATIVAS

Sinceramente, las preguntas son la herramienta de ventas más importante porque brindan respuestas sobre cómo puede usted trabajar con los clientes de manera significativa. ¡Es el mejor truco que tiene bajo la manga!

Al reunirse con sus clientes, evite las preguntas de sí o no que estancan una conversación. Haga preguntas abiertas que comiencen con palabras como qué, cómo, por qué, dónde, cuándo y quién. Al hacerlo, obtendrá más respuestas «sustanciosas» que podrá utilizar para crear de manera efectiva estrategias de marketing, materiales de contenido y planes de juego para venderles sin que se den cuenta. Nunca asuma nada y siempre tenga listas las preguntas que realizará.

7. ESTAR BIEN INFORMADO

Conozca la empresa del pez gordo por dentro y por fuera. No hay nada peor que tener una reunión con alguien que no sepa de qué está hablando, ni pueda hablar creativamente sobre sus programas, servicios y productos de una manera personalizada. Debe conocer el negocio del pez gordo tan bien que pueda aplicar fácilmente sus productos y servicios a quien quiera que esté hablando. Debe poder conectar la misión de la compañía del pez gordo de forma creativa con su empresa y ayudarle a ver cómo su empresa puede trabajar para ella.

Las empresas pueden abordar la falta de conocimiento del producto al centralizar el desarrollo de contenido y educar a sus empleados para que creen un mensaje y una comprensión uniforme.

Pero, si se encuentra en una reunión sin saber una respuesta, no saque algo de su trasero, está bien decir: «No estoy seguro, pero le daré seguimiento». Esta puede ser una estrategia para usted. Puede utilizar para hacer un seguimiento con ellos después de la reunión que no solo muestra su compromiso, sino que también pone un pie en la puerta para futuras reuniones.

8. DELES OPCIONES

Las empresas tienen diferentes necesidades y escalas variables, por lo que debe ser flexible y darles opciones.

No cometa el error de ofrecer solo una opción a los prospectos. Si hace esto, los encargados de tomar decisiones tienen una probabilidad exponencial de buscar otras opciones, mejores precios y diferentes servicios.

La gente anhela personalizaciones y opciones. Dar opciones les da a los clientes la impresión de que está dispuesto a trabajar con ellos en cuanto a sus necesidades, y les da la sensación de libertad para elegir.

Dé a cada empresa tres o cinco opciones que varían en precio y valor. Permítales elegir el que mejor se ajuste a su presupuesto y el que mejor se adapte a sus necesidades. A la gente le gusta el sentimiento de elección, ¡pone el control de nuevo en su corte!

9. COMPARTA EL VALOR DE SERVICIOS DEL PEZ GORDO

Los peces gordos no están interesadas en su producto o servicio, ¡están interesadas en las soluciones que le brindará!

Hoy en día, debe centrarse en vender resultados en los que puedan confiar. Sea muy claro sobre su propuesta de valor y en qué se diferencia de su competencia. La gente quiere saber por qué es usted una mejor opción en comparación con los demás, ¡así que responda! ¡Ahórreles el tiempo de investigación!

Piense acerca de su valor para un negocio específico con anticipación y comience a memorizar los beneficios generales de sus servicios o productos para que, en situaciones de reunión, pueda expresarlos con confianza y sin dudarlo. La confianza y la preparación son claves para ganarse a la gente.

10. USO MÓVIL Y DIGITAL

Desde 2014, los jóvenes de 18 a 34 años representaron casi la mitad de todos los investigadores / compradores. Si no se está comunicando de manera efectiva en formas modernas, necesita reevaluar su estrategia, teniendo en cuenta la familiaridad de los millennials con lo digital.

Según el informe reciente de Google, el 42% de los clientes B2B (sí, sus peces gordos) utilizan dispositivos móviles durante su proceso de compra. ¡Esto significa que necesita utilizar experiencias móviles durante todo el proceso de venta!

Las empresas que desean tener éxito deben comunicarse y trabajar con las personas de una manera moderna. ¿Cómo puedes hacer esto? Haga lo siguiente:

- Cree documentos que puedan firmarse y enviarse digitalmente para que los clientes los revisen.
- Elija plataformas de comercio electrónico que estén optimizadas para dispositivos móviles para que los clientes puedan tener una experiencia consistente.
- Haga que sea fácil el acceso a representantes de servicio de ventas digitales, de campo y de servicio al cliente para soporte todo el tiempo (24/7).
- Haga uso intensivo de redes sociales lanzando

promociones, contenido y branding empresarial.

- Cree visibilidad, uniformidad de ventas y promociones en sus diversos canales digitales.
- Genere sensaciones de venta; haga como si el cliente sintiera que ya tiene el producto.

En última instancia, los clientes quieren comprar pero no quieren que se les venda. No sea un vendedor de quioscos, sea un consultor útil para su pez gordo. Es su trabajo hacerles sentir que llegaron a la conclusión ellos mismos con su ayuda, porque usted es una fuente confiable. ¡Ya casi tiene al pez gordo en la red!

Capítulo 18
ESTUDIE A LOS CLIENTES MASIVOS (B2C)

Este tipo de clientes no son los peces gordos, son posibles consumidores, que uno a uno, pueden constituir un monstruo de consumo para su producto o servicio. Los peces gordos se llaman B2B, estos, en cambio, se conocen como B2C.

Si desea hacer crecer su negocio, debe apuntar a nuevos clientes potenciales (de consumo directo, no son empresas), y hacerlo sabiendo que sus competidores están apuntando al mismo grupo. De hecho, la mayoría de los propietarios de negocios se dan cuenta rápidamente de que la mitad de sus esfuerzos deben estar orientados a atraer nuevos clientes potenciales.

El plan de marketing de su empresa es el aspecto clave para atraer clientes potenciales del público de consumo directo a su negocio. Sin embargo, para realizar una venta, debe prepararse ampliamente, desarrollar un plan detallado para dirigirse a posibles nuevos clientes y ejecutar ese plan de manera diligente. Insistimos con estudiar al cliente.

ANALICE A SU CLIENTE

No puede dirigirse adecuadamente a clientes potenciales para su negocio sin primero saber cuál sería su cliente ideal entre todo el público consumidor. La razón por la que una revisión es importante es que puede descubrir que su prospecto actual puede abarcar un público en el que no está pensando. Por ejemplo, si vende libros de historietas, sus clientes ideales pueden ser hombres de 20 a 40 años que sean activos en las redes sociales. Sin embargo, es posible que haya descubierto que tiene una creciente base de clientes de mujeres en ese mismo grupo de edad. Revisar la personalidad de su cliente le permite incluir a las mujeres en este grupo demográfico como clientes potenciales para su negocio.

APRENDA DÓNDE SE ENCUENTRAN SUS CLIENTES POTENCIALES

Una vez que entienda a quién se dirige, debe aprender dónde encontrar a sus clientes potenciales para poder alcanzarlos con su plan de marketing. Por ejemplo, el propietario de una tienda de cómics probablemente encontrará que los clientes potenciales están activos en los sitios de redes sociales dedicados a las discusiones sobre cómics, películas y *fanfiction*. Como resultado, el propietario de la empresa creará un plan de marketing que se basa en la promoción de las redes sociales en lugar de la publicidad por correo impreso.

IDENTIFIQUE LO QUE QUIEREN LOS POSIBLES CLIENTES

Saber dónde están los nuevos clientes es solo la mitad de la ecuación porque también debe identificar lo que falta en sus vidas. En otras palabras, debe aprender cómo su producto o servicio cumplirá un deseo o necesidad. Por ejemplo, si está compitiendo en la industria de servicios de entrega de kits de comidas, puede descubrir que hay un deseo por las comidas cocinadas en lugar de los potes con ingredientes crudos que los clientes más tarde tendrán que cocinar. Entonces, puede agregar comidas cocinadas a sus productos para atraer clientes.

COMPRENDA CADA PRODUCTO O SERVICIO QUE OFRECE

Esto puede parecer obvio, pero debe tener conocimiento y comprensión completa de sus productos y servicios. Los dueños de negocios que ofrecen una gran cantidad de productos o servicios a menudo descubren demasiado tarde que carecen de información sobre productos auxiliares. No puede atraer clientes si no está familiarizado con todo lo que su compañía puede ofrecerles, así que conozca sus productos y asegúrese de estar al tanto de cualquier problema anterior con esos productos o servicios en caso de que los posibles clientes pregunten por ellos.

ENFATICE SU VALOR

Equipado con las herramientas y el conocimiento necesario, ahora puede atraer clientes directamente a través de sus técnicas de marketing. Hay varios enfoques que puede tomar cuando se dirige a nuevos clientes. Un método es llegar a los clientes potenciales enviándoles boletines por correo electrónico que incluyen descuentos, promociones e información relevante sobre su negocio. Esto actúa como una introducción a sus productos y servicios, pero también permite a los clientes potenciales inscribirse en su lista de correo electrónico.

También puede ofrecer ofertas gratuitas o de bajo costo que brindan a los nuevos clientes la oportunidad de probar su producto o servicio sin hacer un gran compromiso. Si es propietario de un negocio, puede enviar anuncios dirigidos a través de las redes sociales o correo directo para anunciar una venta especial o precios especiales de introducción solo para clientes nuevos.

Su estrategia es crear suficientes clientes potenciales sólidos que pueda seguir en el futuro. En la etapa de introducción, busque que los clientes potenciales se interesen lo suficiente como para inscribirse en una lista de correo electrónico, que paguen un pequeño precio por una muestra de su producto o servicio, o simplemente que ingresen a su tienda para ver lo que está ofreciendo.

Esto significa que, además de vender a empresas (peces gordos), puede vender directamente al público consumidor.

Capítulo 19

CÓMO ACERCARSE A LAS EMPRESAS PARA VENDER PRODUCTOS

Una primera impresión fuerte aumentará enormemente sus posibilidades de vender sus productos a un negocio (sí, volvemos a los peces gordos). Saber cómo abordar un negocio y concentrarse en sus necesidades es un rasgo clave de un vendedor exitoso. Aprender este enfoque es más desafiante que implementarlo. Una vez que haya perfeccionado su estrategia, necesita aprender a proyectar confianza. Si cree en lo que está vendiendo, el negociante creerá en ello. Si no suena convincente, es probable que se vaya sin hacer una venta. Haga lo siguiente:

1. Seleccione una muestra de los mejores productos de su inventario. Asegúrese de que los productos estén intactos, en funcionamiento y que sean de la más alta calidad.
2. Diseñe una presentación adecuada para exhibir sus productos. Organice una muestra en un orden lógico y atractivo, o arme un portafolio que muestre claramente las fotografías de lo que tiene para ofrecer. Su presentación no debe dejar dudas sobre la calidad y la utilidad de sus productos. Los productos deben agruparse por tipo, precio o estilo.
3. Seleccione las empresas que considere que podrían beneficiarse de sus productos. Comience con las empresas en su ubicación geográfica. Si tiene éxito,

establecerá una serie de contactos que puede utilizar para generar más clientes potenciales.

4. Escriba un guion de llamada en frío. Esta es la estrategia general que hará cuando se ponga en contacto con una empresa. No lo lea literalmente ya que sonará artificial y forzado. Úselo como una guía general. Practique en voz alta varias veces antes de hacer la llamada.

5. Escriba una lista de preguntas que crea que la compañía (el pez gordo) puede hacer durante la llamada inicial. Determine la mejor manera de responderlas y escríbalas también. Estar preparado permitirá un enfoque más efectivo.

6. Póngase en contacto con las empresas específicas de su atracción y láncese. Esté preparado para adaptarse a las preguntas que la recepcionista le puede hacer. Si recibe una pregunta que no ha escuchado antes, agréguela a su lista. Haga una cita para lanzar su producto si la compañía está abierta a una presentación.

7. Vista profesionalmente el día de la presentación. Use un traje limpio, que le quede justo; también asegúrese de afeitarse, si es necesario, y de peinar su cabello adecuadamente. En general, asegúrese de que su presentación esté organizada y limpia.

8. Llegue a la empresa unos minutos antes. Si llega demasiado pronto, corre el riesgo de verse demasiado ansioso y necesitado. Si llega tarde, se verá poco profesional.

9. Presente su producto con confianza. Si no cree en lo que está vendiendo, la compañía (el pez gordo) tampoco lo hará.

10. Revise su presentación una vez que haya terminado. Evaluar qué funcionó y qué podría mejorar le servirá. Utilice la experiencia para mejorar la próxima vez.

Capítulo 20

CÓMO ACERCARSE A UNA TIENDA PARA VENDER SU PRODUCTO

Los minoristas tienen espacio limitado en los estantes y presupuestos limitados para gastar en la introducción de nuevos productos. Por lo tanto, es importante saber cómo acercarse a una tienda para vender sus productos. Vale la pena planificar cuidadosamente y preparar una presentación convincente para tener éxito. A los minoristas les gusta ver un registro de logros cuando adquieren un nuevo producto, así que comience con poco y coloque sus productos en puntos de venta locales antes de acercarse a las principales cadenas minoristas.

Siga estas sugerencias para lograr que su producto se venda en una tienda:

FASE DE INVESTIGACIÓN

Investigue sus tiendas locales y enumere el tipo de productos que ofrecen. Busque espacios donde su producto se ajuste y donde no haya productos de la competencia. Compruebe los productos que compiten con los suyos, identifique las diferencias y establezca su propio precio y nivel de descuento. Hable con los clientes y propietarios de tiendas para obtener sus opiniones sobre las preferencias de productos.

MOSTRAR HISTORIAL DE PRODUCTOS POSITIVO

Demuestre que su producto se vende. La introducción de un nuevo producto representa un riesgo importante para los minoristas porque incurren en costos de compra, almacenamiento y visualización del producto. Quieren saber si un nuevo producto atraerá a sus clientes. Considere vender su producto en línea para demostrar un récord de ventas.

MOSTRAR INTERÉS POSITIVO DEL CONSUMIDOR

De acuerdo con el *New York Times*, escribir un blog sobre su producto y usar las redes sociales para obtener comentarios proporcionará evidencia de que su producto tiene potencial de ventas. Comparta los resultados de su programa de redes sociales con los propietarios de tiendas.

PREPARAR UNA PRESENTACIÓN

Haga que la presentación inicial sea breve porque los propietarios de tiendas y los compradores son personas ocupadas, pero asegúrese de tener a mano todos los datos para responder a sus preguntas. Su presentación debe cubrir datos clave, como el mercado objetivo de su producto, las razones por las que el producto resultará atractivo, los niveles de descuento y precio de venta, el volumen que puede suministrar y la comercialización u otro soporte promocional que ofrezca.

COMENZAR LOCALMENTE

Es posible que usted ya tenga clientes y esté familiarizado con los propietarios de tiendas. Aprenda cómo acercarse a las tiendas locales y utilice la experiencia para ajustar su producto y su presentación, así podrá resolver cualquier problema que pueda impedir las ventas.

MAYORISTAS Y DISTRIBUIDORES

Acérquese a los mayoristas o distribuidores si su producto tiene un gran atractivo. Muchos compradores minoristas se sienten más seguros de hacer negocios con alguien, como un distribuidor con el que tienen una relación existente, en lugar de tratar con un vendedor desconocido. El uso de distribuidores puede ayudarlo a entrar en tiendas donde tiene dificultades como independiente.

Capítulo 21
PROPUESTAS
DE NEGOCIOS

En el momento en que concibe una idea de negocio que desea presentar a una corporación, comienza un tipo de proceso de negociación. El tono de su presentación, la información incluida, los precios citados, el esquema de color gráfico y la forma en que entrega la propuesta son elementos de su enfoque planificado. Por supuesto, solo puede enviar un folleto genérico y esperar lo mejor, pero sin un gran esfuerzo por su parte, es poco probable que su propuesta tenga éxito.

INVESTIGAR

Conozca su perspectiva. Si es una corporación pública, lea sus informes anuales y trimestrales. Vaya también al sitio web de la empresa y lea todo. Observe cómo la empresa se marca a sí misma, los detalles de su línea de productos y su modelo de negocio. Llame a la compañía, explique que necesita un consejo. Desea presentar una propuesta y preguntar quién es la persona a cargo de ese departamento.

Otra buena fuente de información es el asistente administrativo del jefe ejecutivo. Sea encantador y conversador, pero no insista si todo lo que obtiene es un tipo de respuesta «envíelo a la dirección corporativa».

ENTENDER

Su objetivo es averiguar qué quiere ver la compañía en su propuesta y cómo decidirá si hará negocios con usted. Si puede, desarrolle una relación con el jefe del departamento al que se dirige. Haga todas las preguntas que se le ocurran, incluso si el momento es bueno, las razones generales por las que las propuestas no se aceptan y lo que suelen aceptar. Use la información que reúne para formar una imagen realista en su mente de cómo podría evaluarse su propuesta de negocios y escriba su propuesta para abordar los puntos de evaluación de la corporación.

ENFOQUE

Su próximo objetivo es poner su propuesta en manos del tomador de decisiones, en lugar de la bandeja de entrada de un analista junior que funciona como un guardián. Si ha desarrollado una relación con el jefe de departamento correcto, envíele su propuesta. A veces, enviar una propuesta directamente al director ejecutivo es una buena táctica. Al menos el asistente administrativo lo examinará para ver si es importante y luego lo enviará al tomador de decisiones correcto. El uso de la entrega rápida le puede brindar a su paquete más atención, pero eso se ha convertido en una táctica común y puede no producir los resultados que desea. Si tiene confianza en sí mismo y tiene el nombre del tomador de decisiones, intente realizar la presentación usted mismo. Digamos que estaba en la zona por otros asuntos y decidió pasar por aquí.

SEGUIR

Hasta que firme el acuerdo o se le diga que se vaya, continúe con el seguimiento regularmente. No llame todos los días. Llame el día después de que se entregue su propuesta para ver si fue recibida. Pregunte cuándo debe volver. Vuelva a llamar después de una semana, y luego otra vez después de otra semana. Pregunte nuevamente si debe continuar en contacto, pero no exija hablar con el responsable de la toma de decisiones y tampoco se tome el rechazo personalmente. Si deja una buena impresión, es posible que reciba una llamada telefónica sorpresa seis meses después, informándole que su propuesta ha sido aceptada.

CUARTA PARTE
ATRAER CLIENTES
CON MARKETING DIGITAL

Capítulo 22
INFLUENCIA DE INTERNET

Hace veinte años, una empresa abría un escaparate, ponía anuncios en el periódico local, se unía a una organización local de redes y esperaba a que los clientes locales necesitaran lo que tenían para ofrecer. Todo eso cambió con el inicio de internet. Una empresa ya no depende de su base de clientes locales para su supervivencia; ahora tiene una audiencia mundial para sus bienes y servicios. Internet ha cambiado no solo la base de clientes de una empresa, sino también la forma en que una empresa se comunica con sus empleados, y encuentra y administra la competencia.

CAPACIDAD DE COMUNICAR

La capacidad de una empresa para comunicarse con sus empleados, clientes y asociados cambió drásticamente cuando Internet produjo nuevas herramientas de comunicación. El correo electrónico y la mensajería instantánea han cambiado la cara de la comunicación empresarial. Muchos empresarios usan el correo electrónico con alta frecuencia, y también lo hace cualquier persona en general.

SUBIDA DE TELETRABAJO

Muchas empresas ahora están ofreciendo la opción para que sus empleados trabajen desde su casa usando el equipo de oficina provisto por la compañía. Este proceso, denominado teletrabajo, permite a una empresa disminuir sus costos generales al necesitar menos espacio de oficina y usar menos servicios públicos para la operación diaria. Según el sitio web de Suite Commute, en 2008, 33.7 millones de empleados trabajaban a distancia.

MARKETING A UN ÁREA MÁS AMPLIA

Con la llegada del marketing en Internet, una empresa debe mantenerse al tanto de las necesidades de sus clientes. La competencia ya no está localizada; una empresa ahora tiene competencia en todo el mundo. Es imperativo que una empresa sepa lo que sus clientes quieren y lo entreguen. Las encuestas, los cuestionarios, los formularios y los comentarios en un sitio web se pueden utilizar para supervisar las necesidades de los clientes.

USO DE PUBLICIDAD DIGITAL

Incluir Internet en el presupuesto publicitario de una empresa extiende la capacidad para atraer clientes de cualquier rincón del mundo. Los sitios web, la colocación de banners y la optimización de motores de búsqueda, también conocidos como SEO, permiten que una empresa tenga presencia en la web y llegue a millones de clientes potenciales.

COLABORANDO CON OTROS NEGOCIOS

Trabajar con otras empresas y profesionales se simplifica con el uso de Internet. Los seminarios de Internet, también llamados seminarios web, hacen que colaborar en proyectos con personas de todo el mundo sea tan fácil como iniciar sesión en un sitio web.

USO DE INTERNET PARA LA INVESTIGACIÓN

Las empresas utilizan Internet para investigar nuevas ideas de productos, nuevos métodos de creación de productos e información de precios. Una empresa también puede investigar a la competencia para ver qué productos y servicios se ofrecen. Si una compañía está buscando expandirse a un lugar en particular, se puede usar Internet para investigar a la población, sus necesidades y qué productos y servicios se venderían mejor en esa área.

Capítulo 23
¿EN QUÉ REDES SOCIALES NECESITA ESTAR SU NEGOCIO?

Si ya está listo para iniciar el marketing en redes sociales, la primera pregunta que se está haciendo es probablemente: ¿en qué redes sociales debería estar mi negocio?

Es una buena pregunta, y es lo primero que su empresa debe tener en cuenta al crear una presencia en las redes sociales. Es diferente para cada tipo de negocio e industria, ya que cada uno tiene diferentes necesidades, por lo cual les conviene diferentes redes.

EMPRESAS DE SOFTWARE

Las compañías de software deben estar en tres redes sociales clave: Twitter, LinkedIn y Facebook. Estar en Twitter le permite promocionar a una audiencia más avanzada y brindar asistencia instantánea a dicha audiencia. Puede encargarse de problemas de soporte simples y crear sistemas de pago para problemas más profundos que requieren la asistencia de un desarrollador.

Además, LinkedIn es ideal para empresas de software profesional. Reclute nuevos miembros del equipo, comuníquese con otros profesionales e incluso ejecute lucrativos anuncios de LinkedIn para promocionar su producto a profesionales con grandes presupuestos corporativos y que presenten la necesidad de tener un nuevo software.

Las empresas de software deberían ser especialmente aficionadas a LinkedIn. Los estudios muestran que el 74% de los compradores de servicios esperan que los profesionales de ventas ofrezcan nuevas perspectivas antes de realizar una gran compra. Haga que su equipo de ventas publique estos conocimientos en LinkedIn sobre su empresa para atraer a los clientes y hacer que una venta sea más fluida.

Además, considere ejecutar un grupo de Facebook para su software. Esto brindará a los usuarios un entorno cerrado para discutir temas en su industria, consejos para usar su software o incluso alertar a sus desarrolladores de nuevos errores.

BOUTIQUES Y EMPRESAS DE MODA

Las empresas de moda deberían usar Pinterest, Instagram y Facebook al máximo. Pinterest es un motor de búsqueda de moda: 1 de cada 2 milenials utiliza la red para buscar nuevas vestimentas e inspirarse. De hecho, la red tiene un gran retorno de la inversión para las empresas que la utilizan, a menudo superando a todas las demás redes sociales.

Instagram también es una venta simple: las marcas de moda y sus contrapartes boutique pueden compartir fotos increíbles de sus productos en la red. Para superar esta estrategia, publique anuncios en Instagram y ponga su ropa frente a nuevas audiencias.

Es posible que su marca también desee considerar la realización de una campaña de marketing de influencia de

Instagram para sus productos. En resumen, esto se puede hacer si se asocia o contrata a una persona influyente para su industria (en este caso, la moda), de modo que publicite sus productos.

Esto le da a sus productos nuevos ojos y le permite aprovechar la confianza de la persona o figura influyente. Después de todo, si dichas personas aman sus productos, ¡es probable que sus seguidores también lo hagan!

Por último, Facebook también es importante para las marcas de moda. Es la red social más utilizada y se integra en gran medida con Instagram. Puede publicar fotos, anuncios y responder a las preguntas de sus clientes sobre las tallas y modelos.

RESTAURANTE Y CAFETERÍAS

Los restaurantes deben centrar sus esfuerzos en Google My Business, Facebook e Instagram. Google My Business es la mini red social adjunta a Google Maps. Puede publicar enlaces, fotos y actualizaciones de estado directamente en su página de Mapas, atrayendo a sus clientes y manteniéndolos actualizados con ofertas y promociones especiales. ¡Asegúrese de que su número de teléfono, horarios y otra información estén actualizados!

Facebook es cada vez más importante para los restaurantes, ¡y más del 70% de los restaurantes ya están allí! La nueva función de recomendaciones de la red permite a los usuarios recomendar nuevos restaurantes y negocios locales a sus amigos, creando así confianza en su restaurante.

Pero no se trata solo de la confianza. Cuantas más recomendaciones tenga un restaurante, más probable es que aparezca en los resultados de búsquedas locales del usuario local. Así que con eso en mente, anime a sus fanáticos a publicar recomendaciones en su restaurante y coseche los beneficios de un mayor alcance.

Finalmente, publique fotos de su comida en Instagram. Suena cursi, pero las tomas de glamour de la comida actúan como un portafolio para su restaurante, así que anime a sus cocineros a tomar fotos de su comida insignia. Para darle un valor agregado, use historias para publicar sus especialidades diarias y nuevos platos.

Sus clientes también estarán en las fotos de Instagram comiendo su comida; de hecho, datos recientes muestran que el 23% de los usuarios de Instagram fotografían su comida.

SERVICIOS PROFESIONALES

Las empresas de servicios profesionales solo necesitan estar en un lugar: LinkedIn.

¿Por qué? Simple: LinkedIn solo es utilizado por profesionales que buscan comprar y hacer conexiones, por lo que su tiempo y esfuerzo no se perderán en la audiencia equivocada. Comience volviendo a publicar su liderazgo innovador y comuníquese hoy mismo con sus nuevos clientes potenciales en la red. Es fácil de hacer y demostrará ser una empresa rentable con el tiempo.

Sin embargo, las empresas de servicios profesionales inteligentes también deben usar Google My Business e Instagram para obtener mayor ventaja.

Las empresas profesionales pueden usar Google My Business para mejorar su presencia en la búsqueda. Para ello, agregue una sección pulida a su feed y actualice su número de teléfono de contacto y las direcciones de la oficina. De esta manera, sus clientes sabrán cómo encontrarlo y ponerse en contacto directamente con su negocio desde el motor de búsqueda.

Pero ¿por qué Instagram? La red ya no es solo para fotos de comida y selfies. Más del 80% de las empresas están en la red, y puede apostar a que quienes brindan servicios profesionales no están ignorando estas publicaciones. No se sorprenda, es frecuente publicar noticias de la compañía, convocatorias de reclutamiento, citas y anuncios en Instagram. Esto hace que la cultura de su empresa sea pública y le da una cara amable a su empresa.

BLOGS Y PUBLICACIONES

Es esencial que los blogs y otras publicaciones estén en las redes sociales; de hecho, el 78% de los adultos, en EE. UU., de 18 a 49 años usan las redes sociales para leer noticias. Y no son solo los jóvenes: el 55% de las personas mayores de 50 años recibieron sus noticias en las redes sociales a partir de agosto de 2017, en comparación con el 45% del año anterior.

Las publicaciones deben realizarse en Twitter, Facebook y LinkedIn para obtener el máximo alcance. Hoy más que nunca, las personas usan Twitter para obtener su dosis diaria de noticias, así que asegúrese de estar allí para unirse a la publicación diaria de noticias también.

En una nota similar, los periódicos y las marcas locales deberían tomar Facebook muy seriamente. La red social anunció recientemente que le está dando a las fuentes de noticias locales un avance en el algoritmo de Newsfeed como parte de su impulso para traer más contenido local a la red. Esto significa que sus artículos se verán más a menudo, lo que aumentará aún más su tráfico.

Finalmente, las publicaciones profesionales y los blogs de liderazgo del pensamiento deben estar en LinkedIn. Como se mencionó anteriormente, aquí es donde las audiencias profesionales se dirigen hacia nuevos e interesantes contenidos profesionales y de negocios.

Aún mejor, hay un montón de espacio para hacer crecer su contenido en LinkedIn. Solo 3 millones de usuarios de LinkedIn publican contenido semanalmente, pero ese contenido recibe una locura de 9 mil millones de impresiones cada semana. Esto significa que los usuarios obtienen alcance y tienen oportunidades en cualquier publicación.

TIENDAS WEB Y COMERCIO ELECTRÓNICO

Las tiendas web deben estar en Instagram, Facebook, Pinterest y Twitter. Instagram, como las boutiques y las marcas de moda, se puede usar para mostrar bellas imágenes de sus productos con fotos de glamour. Esto es especialmente importante para las empresas completamente virtuales sin una presencia física, ya que actúa como una sala de exposición virtual.

También recomendamos utilizar anuncios de Facebook para comercializar sus productos. Puede dirigir sus anuncios de Facebook para poner sus productos frente a la audiencia clave de su marca, por lo que nunca perderá dinero en publicidad para la audiencia equivocada.

Al igual que las empresas de moda, las tiendas en línea también deben publicar en Pinterest. Ya sea que se trate de fotos de sus propios productos o cosas que está vendiendo, puede vincular sus productos y publicar fotos de estos en su página de Pinterest para tener presencia en esta red.

Twitter también es importante para las marcas virtuales y las tiendas en línea para el soporte. Es el primer lugar al que acuden muchos usuarios de redes sociales cuando se enfrentan a problemas de productos y soporte técnico, así que asegúrese de que su marca esté allí para ayudar y cerrar la venta.

Capítulo 24
SEGUIDORES Y FANS

Las redes sociales son una manera fantástica de promover su negocio. Es gratis, puede saber el resultado o la aceptación de sus publicaciones con un par de clics, y el alcance de su audiencia es infinito. Sin embargo, cualquier experto en redes sociales le dirá que no tiene sentido perder tiempo y energía publicando contenido si no tiene una audiencia.

Siempre piense en cómo aumentar sus seguidores al administrar sus cuentas de redes sociales, ya que una gran audiencia lleva a un mayor reconocimiento de marca, mejora la lealtad del cliente y genera más oportunidades de ventas. Por otro lado, un número reducido de seguidores lo dejará caer frente a sus competidores y perderá valiosas oportunidades de marketing.

No se preocupe si ha estado esforzándose en las redes sociales para acaparar público durante algún tiempo sin resultados; no se sienta y frustrado por la falta de «me gustas» y lo que significa; ponga atención a estos consejos excelentes para aumentar su número de seguidores y revertir la situación.

ENTIENDA A SU AUDIENCIA

Lo primero que debe identificar es quién es su público objetivo. El perfil del cliente le proporciona el conocimiento en profundidad sobre lo que necesita hacer para atraer a un gran número de seguidores. Algunos de los factores más importantes a considerar incluyen:

- Datos demográficos: ¿cuál es la edad, el género y los ingresos de sus seguidores deseados?
- Psicografía: ¿cuál es su tipo de personalidad?
- Comportamiento: ¿Cuáles son sus gustos, aversiones y aficiones?
- Si está trabajando para otras empresas, piense en qué tipo de empresa son, cuántas personas trabajan para ellas y cuáles son sus ingresos y alcance geográfico.
- Encuentre a sus clientes: para atraer a sus seguidores ideales, primero debe encontrarlos. ¿Tienden a usar Facebook más que a Twitter? ¿Qué buscan en línea? ¿A dónde les gusta ir cuando no están en Internet?
- Una de las cosas más importantes que debe entender acerca de sus clientes es su comportamiento de compra. ¿Hacen compras por impulso? ¿Buscan referencias? ¿Dónde hacen su investigación en productos/servicios? ¿Compran en línea? ¿Están más dispuestos a hacer una compra si hay una oferta especial?
- Hable con los clientes existentes: ¿cómo encontraron originalmente su empresa? ¿Qué les hizo elegir la empresa que usted gestiona? ¿Por qué son leales a usted?

También vale la pena dedicar un tiempo a analizar qué hacen sus competidores en las redes sociales. ¿Quién los está siguiendo? ¿Qué contenido están compartiendo? ¿Cuáles de sus publicaciones obtienen altos niveles de compromiso y cuáles no?

PRODUCIR CONTENIDO VALIOSO

El año pasado, el 77% de los adultos compró bienes o servicios en línea y el 46% dijo que confía en las redes sociales al tomar una decisión de compra. Esto significa que al enviar contenido que sea interesante y atractivo, podría estar accediendo a un gran mercado.

El perfil de su cliente realmente lo ayudará aquí porque una vez que realmente entienda quién es su audiencia y cuáles son sus intereses, sabrá exactamente cómo promocionarlos.

Cuando publique en las redes sociales, recuerde que este no es el lugar para piezas de texto largas. Los medios sociales son muy visuales y, por lo general, solo cuenta con segundos para atraer la atención de alguien, luego dejarán de desplazarse por sus noticias. Algunas ideas de contenido para sus páginas de redes sociales incluyen:

- Infografías: las infografías son visualmente atractivas e increíblemente atractivas, por lo que no es sorprendente que sean la forma de contenido más socialmente compartida.
- Contenido interactivo: ya sea una imagen en movimiento, una animación, un cuestionario, un video o un juego, crear una experiencia para sus clientes lo hará notar.
- Imágenes: las estadísticas muestran que los Tweets con imágenes obtienen un 18% más de clics, un 89% más de me gusta y un 150% más de retweets. Las fotos en Facebook reciben un 53% más de me gusta que la publicación promedio y atraen un 104% más de comentarios.

CONTRATAR

Establecer conexiones y establecer relaciones es una de las maneras más fáciles de lograr que más personas sigan sus páginas de redes sociales. Si no tiene tiempo para sentarse y hacer esto a diario, trate de hacer al menos lo mínimo: contrate a alguien.

Si alguien responde a su publicación, como comentario o respuesta, o si un seguidor le envía un mensaje, intente responderle, ya que podría tratarse de alguien que está pensando en usar su producto o servicio.

USAR HASHTAGS

Al igual que usa palabras clave para atraer visitantes a su sitio web, los hashtags son cruciales si desea aumentar su exposición en las redes sociales. Twitter e Instagram son redes donde los hashtags se usan con más frecuencia, por lo que siempre debe intentar usarlos al publicar en estos canales.

Los hashtags ayudan a atraer más gente a sus páginas porque cualquier persona que busque la palabra que ha usado verá su publicación. Sin embargo, es importante mantenerse en el tema. No debe comentar o publicar en todo lo que sea una tendencia, debe ser en algo relevante para su negocio.

Digamos que dirige una empresa de contabilidad y Juego de Tronos es una tendencia, no es lugar para comentar sobre esto. Sin embargo, si se aproxima la Declaración de otoño o la fecha límite de la autoevaluación, esto brinda una oportunidad perfecta para que usted aumente su exposición a través de temas que mucha gente buscará y hablará.

SEA CONSISTENTE

Uno de los errores más grandes que cometen las pequeñas empresas con sus redes sociales es publicar esporádicamente.

Para atraer seguidores en primer lugar, las personas deben ver que su cuenta está activa; y para retener seguidores, debe proporcionar a su audiencia contenido interesante de forma regular.

Hay muchos sitios web y herramientas que le permiten programar publicaciones por adelantado para que no tenga que preocuparse por tratar de recordar enviar sus publicaciones todos los días.

HAGA COMPETICIONES

Realizar competiciones en sus páginas de redes sociales es una gran manera de aumentar su audiencia. Pídales a las personas que lo siguen que den like o comenten una de sus fotos y, a cambio, brinde la oportunidad de ganar un premio.

Además de aumentar los seguidores, esta es una excelente manera de ampliar su alcance porque cada vez que alguien le gusta o hace comentarios en sus publicaciones, sus seguidores verán su contenido.

ETIQUETE A OTRAS PERSONAS Y PÁGINAS

Etiquete a otras páginas, usuarios y ubicaciones en sus publicaciones. Esto aumenta la probabilidad de que otras personas lo vean, y que los propietarios de las páginas interactúen con usted; assisitir a un evento también es una excelente manera de ganar seguidores.

USE ANALÍTICA

Visite regularmente sus estadísticas en las redes sociales para averiguar qué funciona y qué no funciona para usted. Puede ver las publicaciones que han recibido los niveles más altos de participación y, por lo tanto, sabrá compartir este tipo de contenido con mayor frecuencia.

Capítulo 25
APROVECHANDO AL MÁXIMO LAS REDES SOCIALES

FACEBOOK

Use imágenes: no tiene que usarlas todo el tiempo en Facebook, pero sí hágalas parte de su estrategia de contenido. Suba fotos de eventos en vivo y pida a sus seguidores que se etiqueten a sí mismos. Esto pone las fotos del negocio en la página de los amigos de sus seguidores y extiende la visibilidad y alcance.

Una de las formas más efectivas de usar los anuncios de Facebook es dirigirse a usuarios a los que ya les gustan otras páginas de su nicho. Usando el Graph Search de Facebook, averigüe qué páginas les gustan a sus fans actuales escribiendo «páginas que les gustan a las personas que les gusta mi página». Dirija sus anuncios a los usuarios a los que les hayan gustado estas páginas porque existe una mayor probabilidad de que también estén interesados en su página.

Los grupos de Facebook son una excelente manera de llegar a clientes potenciales. Cree un grupo relacionado con la industria que su mercado objetivo pueda estar buscando y utilícelo para crear relaciones y confianza.

En Facebook, los videos ahora superan a las fotos en términos de alcance. Aunque es más difícil producir un video, son una excelente manera de hacerse notar en las noticias de las personas y es mucho más probable que se vuelvan virales.

TWITTER

Conéctese con otras empresas locales, fuentes de noticias y cuentas. La mayoría de ellos estarán encantados de seguir su página y compartir un poco de amor vecino al retweetear y compartir el contenido con sus seguidores.

Escriba un blog, revise o publique sobre otra marca que no compita directamente con usted pero que tenga una base de clientes similar. Lo más probable es que estén increíblemente agradecidos por el gesto y lo reenvíen a sus seguidores.

Unirse a los chats de Twitter es una excelente manera de obtener más seguidores y aumentar su autoridad. Esta herramienta también le brinda la oportunidad de interactuar con otros usuarios de su industria, casi como un evento de redes en línea.

LINKEDIN

Sus empleados son los mejores defensores de su marca, así que anímelos a agregar su página a su perfil. La página de su empresa aparecerá automáticamente en su perfil, lo que ayudará a generar más tráfico.

Encuentre grupos que hablen sobre su marca o empresa, únase a ellos y participe en las conversaciones. Una vez que la gente lo conozca y confíe en usted, podrá crear conciencia de marca y promover la página de su empresa, lo que realmente ayudará a aumentar la cantidad de seguidores que tiene.

Si está dispuesto a gastar dinero en LinkedIn, puede llegar más allá de su red y promover su negocio con anuncios del mismo LinkedIn y con actualizaciones patrocinadas por esta plataforma. El uso de criterios específicos, como la antigüedad, la función, la geografía y la empresa, significa que estará frente a las personas adecuadas.

INSTAGRAM

Utilice la función de búsqueda en Instagram para encontrar hashtags populares relacionados con su producto, servicio o industria. El uso de estos hashtags dentro de sus publicaciones le permite llegar a personas que no lo están siguiendo pero que están buscando fotos relacionadas con su marca o empresa.

Aunque Instagram es una plataforma altamente visual, los subtítulos desempeñan un papel importante en el mensaje. Los subtítulos en las fuentes de los usuarios se cortan después de unas pocas líneas de texto, así que asegúrese de colocar la información más convincente al comienzo de sus publicaciones. Hacer preguntas también alienta a su audiencia a dejar un comentario, lo que hace que su cuenta sea visible para más personas.

Las historias de Instagram se lanzaron hace menos de un año y ya más de 200 millones de personas las ven todos los días. Casi una de cada cinco historias resulta ser un mensaje directo, y una tercera parte de las historias más vistas proviene de empresas.

Una forma efectiva de atraer atención y fomentar el compromiso es compartir contenido en vivo. Ya sea que haya recibido un nuevo producto o esté asistiendo a un evento, aproveche cada oportunidad para publicar un video en vivo.

Administrar sus canales de redes sociales es difícil; incluso puede ser difícil competir con marcas más grandes que tienen equipos de personas que los apoyan y con un gran presupuesto para invertir. Sin embargo, mantenga el compromiso de practicar las técnicas mencionadas anteriormente y pronto comenzará a ver los beneficios de su trabajo en las redes sociales.

Capítulo 26
CÓMO HABLAR A SUS
SEGUIDORES DE REDES SOCIALES

¿Cómo se siente cuando la gente comenta en sus publicaciones de redes sociales? Impresionante, ¿verdad? Un comentario es generalmente una señal de que las personas aman su contenido de redes sociales. Es importante corresponder y responder a estas interacciones.

Pero al mismo tiempo, involucrarse con sus seguidores puede llevar mucho tiempo. Si es gerente de redes sociales en solitario o propietario de una pequeña empresa, sabe que no tiene todo el día para interactuar con sus seguidores.

Entonces, ¿cómo puede minimizar el tiempo necesario para interactuar con sus seguidores y seguir siendo auténtico al mismo tiempo?

Si ha estado respondiendo a comentarios y menciones con un agradecimiento, ese es un excelente primer paso, pero puede ser fácil caer en el hábito de usar algunas respuestas muy usadas.

Hay muchas maneras en las que puede mejorar sus respuestas, mostrar la personalidad de su marca y deleitar a sus seguidores.

1. PREGUNTAS

En lugar de un simple «Gracias», comprométase más con la persona y continúe la discusión. Un buen método es pedir sus opiniones sobre el tema.

Por ejemplo, si alguien comentó en su publicación de redes sociales que enlaza con una publicación del blog, puede hacer las siguientes preguntas:

- ¿Cuál es tu parte favorita de... ?
- ¿Cuál es tu principal punto sobre... ?
- ¿Estás de acuerdo con la idea mencionada en... ?
- ¿Cómo ha sido tu experiencia con (una estrategia o herramienta)?
- ¿Has probado alguno de los consejos en la publicación antes? Si es así, ¿cómo te fue?

Si responden a sus preguntas, ¡eso es increíble! Puede continuar la conversación y construir una buena relación con ellos.

2. EMOJIS

La forma más fácil de hacer que sus respuestas sean un poco más divertidas es incluir emojis.

De un tiempo acá los emojis se han convertido en parte del lenguaje de las redes sociales, la mayoría de la gente se ha acostumbrado a ver y usar emojis en sus publicaciones y comentarios en las redes sociales.

También es una forma eficiente de transmitir su estilo y emociones en sus respuestas. A diferencia de lo que es hablar cara a cara o por teléfono, no es fácil para sus seguidores captar el tono y las emociones en una respuesta de texto. Pero con un emoji feliz, sus seguidores sabrán al instante que está sonriendo mientras responde.

3. IMÁGENES

A veces, la forma más rápida y sencilla de mostrar o explicar algo en las redes sociales es usar una imagen, especialmente en Twitter, donde solo tiene 140 caracteres.

Descubrimos que las imágenes son generalmente las mejores para responder a preguntas de soporte donde tenemos que mostrar o señalar algo.

4. GIFS

Usar gifts es nuestra forma favorita de agradecer a las personas que compartieron nuestro contenido, nos dieron un grito y más.

Con el nuevo botón gif en Twitter y Facebook, puede encontrar y agregar fácilmente un gif para sus respuestas.

5. VIDEOS

El video en Facebook se consume a tasas más altas cada año, no es de extrañar por qué tantos profesionales de marketing buscan las especificaciones de video de Facebook correctas. Según WordStream, aproximadamente el 45% de los usuarios ven al menos una hora o más de videos en Facebook o videos de YouTube en una semana.

El desafío para los mercadólogos es que simplemente hay muchos tipos de videos que puedes compartir en Facebook. Cada formato de video tiene diferentes dimensiones y especificaciones, lo que puede hacer que sea confuso entender si está cargando el formato correcto. Evite cualquier problema técnico siguiendo las especificaciones de video para Facebook.

Capítulo 27
8 REGLAS DE
LA MINA DE ORO

En los últimos años, las redes sociales han pasado de una idea nueva a una necesidad absoluta para los profesionales de marketing. De todas las nuevas plataformas de marketing de medios, el social se ha convertido en el marketing tradicional.

En las redes sociales, los clientes y las empresas pueden interactuar directamente. Ambas partes pueden hacerse preguntas, volver a publicar contenido y trabajar en la formación de relaciones. Comenzar con el mercadeo en las redes sociales puede ser intimidante, siga estas ocho reglas para promover efectivamente su negocio en las redes sociales.

1. ELEGIR LAS PLATAFORMAS ADECUADAS

No hay límite de sitios de redes sociales en los que compartir su contenido. El número de sitios está creciendo cada día. Compartir su contenido en las plataformas adecuadas es crucial para su éxito.

Al determinar qué canales utilizar, debe considerar a sus clientes y su negocio. Es importante que cree cuentas en las plataformas que usa su público objetivo, para que puedan conectarse fácilmente con usted. Realice una investigación para determinar qué sitios probablemente utiliza su audiencia y luego utilícelos también.

También debe considerar qué sitios se adaptan mejor a sus productos. Para una compañía de producción de video, por ejemplo, YouTube es una opción obvia.

2. CREE UN CALENDARIO

La lucha para crear publicaciones en el último minuto puede llevar a contenido de baja calidad. La falta de organización puede provocar publicaciones repetidas o una pausa en su presencia en uno de sus canales. Crear calendarios de contenido de redes sociales puede ayudar a evitar esos errores y llevar a publicaciones más efectivas. Los calendarios de contenido también lo ayudan a crear objetivos y estrategias para cumplirlos y hacer un seguimiento de su progreso hacia ellos.

Para crear un calendario de contenido, use un calendario regular para cada canal de medios sociales y planifique sus publicaciones con anticipación, con hashtags, enlaces, imágenes y otro contenido.

3. ALENTAR EL COMPROMISO

Las redes sociales deberían ser, por supuesto, sociales. Eso no solo se aplica a aquellos que usan los sitios para divertirse. Las empresas también deben ser interactivas. Con el fin de aprovechar la capacidad social, es necesario fomentar la interacción.

Publique contenido que las personas quieran leer, haga preguntas e inste a los «me gusta», vuelva a publicar y comente las publicaciones de otros usuarios. Investigar sobre su audiencia puede ayudarle a descubrir qué les gustaría.

4. NO SOBRE-PROMOCIONE

Una trampa en la que suelen caer las empresas es tratar las redes sociales demasiado como la publicidad regular. No debe promocionar su empresa descaradamente en cada publicación. Necesita crear contenido que la gente realmente disfrute y quiera ver.

Promoverse a sí mismo está bien de vez en cuando. Algunos profesionales de marketing se rigen por la regla del uno en siete, que dice que por cada publicación directamente promocional, otros seis deben estar basados en el contenido. En estas otras seis publicaciones, puede compartir artículos, comentar sobre eventos actuales o hacer una pregunta. No tiene que evitar por completo mencionar su marca en estas publicaciones; solo tenga cuidado de vender demasiado.

5. COMPARTIR VIDEO

El contenido visual funciona bien en las redes sociales. El contenido de video es ideal para captar la atención de las personas, así como para transmitir personalidad empresarial y pasión a sus clientes.

El contenido visual se destaca cuando las personas se desplazan a través de sus feeds sociales, por lo que es más probable que lo vean y se involucren con él. También le permite decir más de lo que podría en un post típico sin ocupar mucho espacio. Cree videos interesantes, guiados por la narrativa, para obtener la mejor reacción.

6. ABORDAR LOS PROBLEMAS RÁPIDAMENTE

Lo mejor que puede suceder a la marca de su empresa son los comentarios positivos en las redes sociales. Ocasionalmente, puede encontrarse con alguien que está molesto, discutiendo o tiene algo negativo que decir sobre su compañía, pero debe aprender a manejarlo.

Debe controlar cuidadosamente las menciones de su marca en los canales sociales, para poder detectar los problemas antes de que se intensifiquen. Si detecta un problema, comuníquese con la persona disculpándose públicamente si es necesario y ofreciéndose a resolver el problema mediante un intercambio directo de mensajes. De esta manera, las personas que ven el post saben que usted fue receptivo, pero no tienen que ver todos los detalles del problema.

7. CONSTRUIR UNA COMUNIDAD

En lugar de tratar de obtener tantos seguidores como sea posible, concéntrese en encontrar clientes interesados, leales y comprometidos. Estas personas tienen más probabilidades de volver a publicar su contenido, como sus publicaciones y convertirse en clientes.

Cuando crea una comunidad alrededor de su marca, las personas dentro de esa comunidad se relacionarán entre sí y ayudarán a promover su contenido. Incluso puede intentar comunicarse con usuarios de redes sociales excepcionalmente influyentes y pedirles que lo ayuden revisando un producto o mencionándolo en una publicación.

8. PROPORCIONAR VALOR

Quizás lo más importante que pueda hacer en las redes sociales es proporcionar valor a sus seguidores. Cree algo que su audiencia encuentre útil. Podría ser algo que no sabían antes, o algo que los haga reír, que los entretenga o cualquier otra cosa que sea beneficiosa de alguna manera.

Este aspecto de las redes sociales es lo que atrae a los clientes adecuados para su negocio, hace que las personas quieran seguirlo en los sitios sociales y ayuda a que el contenido se propague. Domine esto y habrá dado un gran paso para una exitosa campaña de marketing en redes sociales.

Con casi 3 mil millones de usuarios activos, las redes sociales son una mina de oro potencial de nuevos clientes y usuarios actuales que podrían convertirse en clientes habituales. Cree una buena campaña social y podrá conectarse con algunas de esas personas y aumentar su base de clientes.

Capítulo 28
CÓMO EMPEZAR A VENDER INTERNACIONALMENTE

La realización de negocios a nivel mundial se ha convertido en una parte esencial de la estrategia general para muchas empresas. La facilidad de conectividad, transporte y demanda global de productos ha reducido las barreras para ingresar a los mercados en el extranjero. Con unos cuantos clics del mouse, una persona puede comprar un producto que está en la otra mitad del mundo.

Las oportunidades de expandirse internacionalmente son mejores que nunca. Las ventas internacionales, especialmente, nunca han sido tan fáciles como ahora, ya que Internet y las telecomunicaciones han fomentado comunicaciones globales rápidas y baratas. Hay más mercados abiertos al comercio y existen más opciones de transporte para enviar sus productos al extranjero.

Ahora aprenderá cómo elegir mercados en el extranjero, armar un equipo de ventas internacionales o diseñar una estrategia para comenzar a vender en el extranjero.

ELIJA SUS MERCADOS

El primer paso para expandirse internacionalmente es identificar el país o la región en la que desea expandirse. Debe basar estas decisiones en gran medida en el riesgo cultural, económico, político y de mercado, y donde haya clientes potenciales para sus bienes y servicios. Seleccionar dónde expandirse es fácil con algo de tiempo e investigación. Aquí hay algunas cosas en que pensar cuando decida dónde expandirse:

- Determine el tráfico internacional o desde dónde se originan los pedidos en su sitio web.
- Considere las diferencias culturales y lingüísticas.
- Comprenda la política económica y política del país o región al que exporta.
- Averigüe si hay algún arancel en sus productos o barreras comerciales.

Por ejemplo, la mayoría de los exportadores estadounidenses venden solo en un mercado extranjero: Canadá, según el Departamento de Comercio de EE. UU.

¿Cuál es el factor determinante para que una empresa exporte a más de un país? El tamaño del negocio. Si este es el caso, también podría pensar en las oportunidades para apuntar a una región, como América Central, así su empresa podría aprovechar los acuerdos de libre comercio (suponiendo que viva en Estados Unidos) como el Acuerdo de Libre Comercio de América Central (CAFTA). Averigue los tratados respecto a su país.

REALICE ESTUDIOS DE MERCADO

Su probabilidad de éxito en la venta internacional aumentará dependiendo de cuánta investigación de mercado realice de antemano. La investigación de mercado puede ayudarlo a saber dónde se venderán sus productos o servicios, los diferentes segmentos de mercado, si tendrá competidores, y cómo calcular el precio de su producto para el mercado. Afortunadamente, hay muchos consultores, agencias gubernamentales, libros y recursos gratuitos en Internet que pueden ayudarle.

Los tipos de investigación que puede hacer incluyen investigación de mercado primario: recopilación de datos directamente de mercados internacionales a través de entrevistas telefónicas, o ponerse en contacto con clientes potenciales o representantes gubernamentales. La investigación también puede incluir investigación de mercado secundario, como artículos de noticias, estadísticas comerciales y datos de especialistas en exportaciones.

DISEÑAR UNA ESTRATEGIA DE EXPORTACIÓN

Sus prospectos de venta en el extranjero recibirán ayuda si organiza un plan de exportación que detalle sus objetivos comerciales, su plan para financiar esta expansión y cómo desea vender sus productos o servicios en el extranjero. Una de las preguntas clave que debe hacer es cómo va a vender sus productos en el extranjero. Las opciones incluyen: establecer un equipo de ventas internacional o vender a través de Internet.

Montar un equipo de ventas internacional

La construcción de un equipo de ventas internacional se puede lograr en estos días a través de asociaciones, alianzas y contratación directa. Cree una lista completa de compañías en su industria, visite sus sitios web y comuníquese con sus equipos ejecutivos. Así puede encontrar oportunidades de asociación y crear alianzas.

Revise los sitios web de asociaciones industriales específicas de cada país y comience a conectarse con los líderes o juntas ejecutivas de esas organizaciones. Del mismo modo, investigue las ferias comerciales relacionadas con la industria y siga el mismo proceso de reunión con los organizadores y conozca su industria en esa región. Es posible que desee establecer una cuenta de Skype para realizar llamadas internacionales (desde su computadora) o buscar un servicio de telecomunicaciones en el extranjero a precios reducidos. Esto es vital para conectar con las empresas, asociaciones.

Siga estos consejos para obtener ventas internacionales:

- Busque en LinkedIn y en otras redes sociales profesionales para encontrar contactos y hacer preguntas en el país o región que desee.
- Encuentre asociaciones y personas haciendo una búsqueda en Google dentro de su industria y país.
- Busque en las publicaciones más importantes de los países deseados los artículos relevantes y las personas o empresas que están detrás de los artículos.
- También es posible que desee investigar sobre reclutadores ejecutivos locales, juntas de empleos locales y de nicho, además de periódicos de la zona para obtener más información sobre cómo esa región encuentra a los mejores empleadores.
- Visite el país con una agenda establecida para realizar entrevistas con socios potenciales, reunirse con líderes de asociaciones en su industria y reunirse con las personas que puede contratar.

Ventas a través de internet
Si tiene un negocio, es probable que ya haya creado una

tienda en línea. Su sitio web puede ser otro canal de ventas internacional. Hay dos estrategias de ventas que puede elegir seguir a través de Internet:

Simplemente puede permitir que los clientes internacionales encuentren su sitio web y compren tal como lo hacen sus clientes nacionales. Usando este método, necesita averiguar cómo realizar envíos al extranjero y aprender sobre impuestos, derechos y leyes de aduanas extranjeros. Puede considerar un sistema de pago como PayPal para ayudar a facilitar la aceptación de diferentes monedas.

También puede encontrar formas de usar su sitio web para dirigirse a nuevos mercados extranjeros. Esto podría incluir traducir partes de su sitio web a otros idiomas. Puede hacerlo a bajo costo con software de traducción o herramientas gratuitas de Internet. También puede ser útil emplear a alguien con fluidez en el idioma del mercado extranjero al que intenta ingresar para usar las redes sociales para atraer el interés en su sitio web, negocio y productos o servicios.

Es importante comprender los códigos de conducta esperados para los comerciantes electrónicos en los mercados extranjeros.

Sea sincero acerca de los costos involucrados en la transacción (lo más importante, la moneda que se está utilizando), así como los términos y condiciones de la venta, incluidas las garantías.

Proporcione un método seguro para los pagos en línea para que la información financiera personal no sea vulnerable a los piratas informáticos.

Proteja la privacidad del consumidor durante las transacciones. Revele su política de privacidad y permita que los clientes sepan cómo se utiliza su información.